リファイニング建築が社会を変える

リファイニング建築が社会を変える

青木 茂

銀行融資と連携し、建築の長寿命化と街の活性化をめざす

はじめに

首都大学東京退官記念誌をまとめるにあたり、これまで支えていただいた方々との対談を行うことで、この10年間を振り返ることにした。

首都大にお誘いいただいた深尾精一名誉教授、企業として初めてリファイニング建築の業務提携を結んでいただいたミサワホームの竹中宣雄会長、これからの地方創生につながるリノベーションを仕掛けていただいた太田昇真庭市長、リファイニング建築に融資を導いていただいた、りそな銀行の吉川肇さん、私のかなり無理な構造的アイデアを見事に解決してくれる金箱温春さん、いつも企画の段階でアドバイスをいただいている明治大学の田村誠邦先生、施主を代表し、所有のマンションを一手に任せてくださった井上光一郎さん、首都大学東京で慣れない私のサポートをしてくれた門脇耕三さん、古澤大輔さん、大学での私の大きなミッションであった海外交流を通じて友人になった台湾の黄世孟先生と楊詩弘先生、毎年カナダから学生を引き連れて来てくださるシンクラー先生。私と同年代、そして私よりも若い人々を中心に、未来を見据えて対談をお願いした。

この10年間で出版した本は10冊となり、大学での活動はこれがすべてであるが、戦略研究センターの国際交流での成果に少しは貢献できたと考えている。

社会的な実績をあげるとすれば、銀行との業務提携ではなかったかと思う。詳しくは、りそな銀行の吉川さんとの対談で触れられているが、りそな銀行不動産部で講演を行ったことがきっかけとなった。吉川さんとの約1年半にわたる協議の結果、リファイニング建築が新築と同等であることを示すための確認申請の再提出、検査済証の取得、家歴書の作成、そして耐用年数調査により金融庁の了解をいただき、再生建築への長期間の融資が可能になった。その後、西日本シティー銀行、大分銀行がこの制度を取り入れてくれることになった。少しずつではあるが実績を積み重ね、本格的にリファイニング建築に対する長期の融資システムが民間銀行に広がりを見せている。

そして2015年には、東日本大震災で半壊した建物を再生し、それに融資をつけたことが先駆けとなり、住宅支援機構からの融資も成し得た。現在も数行からの問い合わせをいただき、また、日本建築センターからもこのような取り組みを進めたいとのお話をいただいた。日本の金融のシステムを変える一里塚となったのではと思っている。

再生建築はヨーロッパでは盛んに行われているが、これは石造や煉瓦造の建築についてであり、鉄筋コンクリート造の建築再生はまだ始まったばかりである。リファイニング建築が国内だけでなく、世界の未来にとってひとつの指針になることを願っている。

青木 茂

目次

はじめに……004
太田　昇（岡山県真庭市長）……008
建物を蘇らせ、新しい価値を入れる
竹中宣雄（ミサワホーム取締役会長）……026
リファイニング建築は街づくりにつながる
吉川　肇（元りそな銀行不動産営業部企画サポートグループアドバイザー）……046
リファイニング建築が銀行融資を受けるまで
深尾精一（首都大学東京名誉教授）……066
「ストック活用」という社会的課題に取り組む
金箱温春（金箱構造設計事務所・工学院大学特別専任教授・東京工業大学特定教授）……078
建築家と構造家の協働が再生建築の創造性を高める

田村誠邦（明治大学特任教授・アークブレイン）
ストック時代に求められる建築と建築産業のあり方とは？……098
井上光一郎（光ビル取締役）
リファイニング建築へのローンの仕組みがマンションを変える……120
古澤大輔（リライトD・日本大学専任助教）
門脇耕三（明治大学専任講師）
リファイニング建築のＤＮＡは若い世代にどう伝わったか？……140
黄 世孟（台湾物業管理学会理事長）
リファイニング建築の人的交流と若手の育成を……168
ブライアン・シンクレア（カルガリー大学教授）
建物も、建築家人生もロングライフをめざす……182
青木先生との思い出　タードサク・テーシャギットカチョン……194
あとがき……196

太田 昇

岡山県真庭市長

合併によって引き継いだ多くの公共施設は
老朽化が進んでいるものもあって、
長寿命化の取り組みは喫緊の課題です。
全体の建物は増やさずに壊すものは壊しながら、
残すものはリファイニングしていく、そういう考え方です。

おおた・のぼる
1951年岡山県久世町（現真庭市）に生まれる／1975年京都大学法学部卒業、同年京都府庁に入庁／2010年京都府副知事に就任／2013年副知事を辞職、真庭市長選挙に出馬し初当選／2017年真庭市長に再選

建物を蘇らせ、新しい価値を入れる

―旧勝山庁舎を「知の情報館」にリファイニング―

太田――真庭市は岡山県の面積の約11・6パーセントを占める県下で最も大きな自治体で、香川県の面積の約半分、東京23区の約1・3倍あり、そこに甲子園がいっぱいにならないほどの人口が住んでいます。総面積約828キロ平方メートルのうち8割が森で、その広さは琵琶湖の広さとほぼ同じ、淡路島より広いのです。

平成17（2005）年に当時の真庭郡勝山町、落合町、湯原《ゆばら》町、久世《くせ》町、美甘《みかも》村、川上村、八束村、中和村、上房郡北房《ほくぼう》町の9町村が合併し、真庭市が誕生しました。真庭市には書店が少なく、また図書館は合併前の旧町村から引き継いだ小規模な3つの図書館、4つの図書室があって、蔵書合計数17万冊は県下ワースト3位という状況でした。そこで平成27年に「真庭市図書館基本計画」を策定し、豊富な蔵書を有し、地区図書館を統括する中央図書館を整備することにしました。中央図書館をどこに置こうかと考えたときに、歴史的、文化的な面、そして位

旧勝山町庁舎

真庭市中央図書館 2018 ← 1980/2005

BEFORE

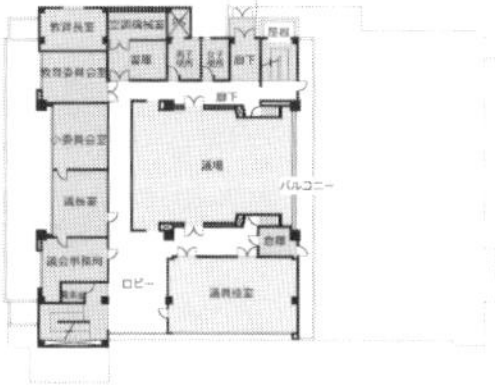

既存３階平面

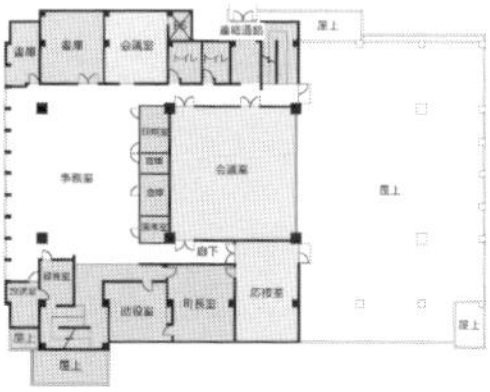

既存２階平面

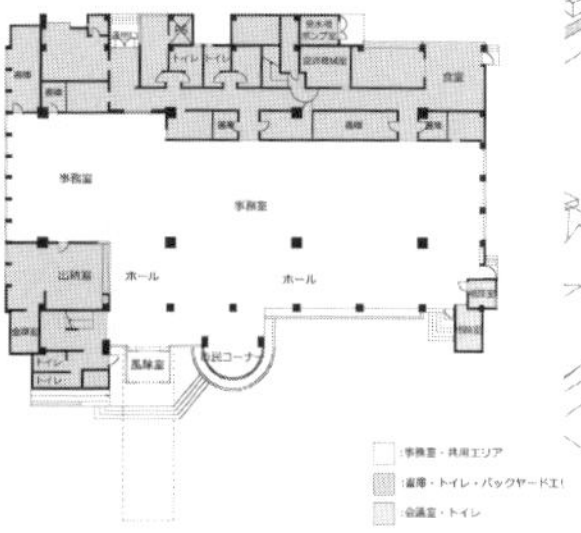

既存１階平面

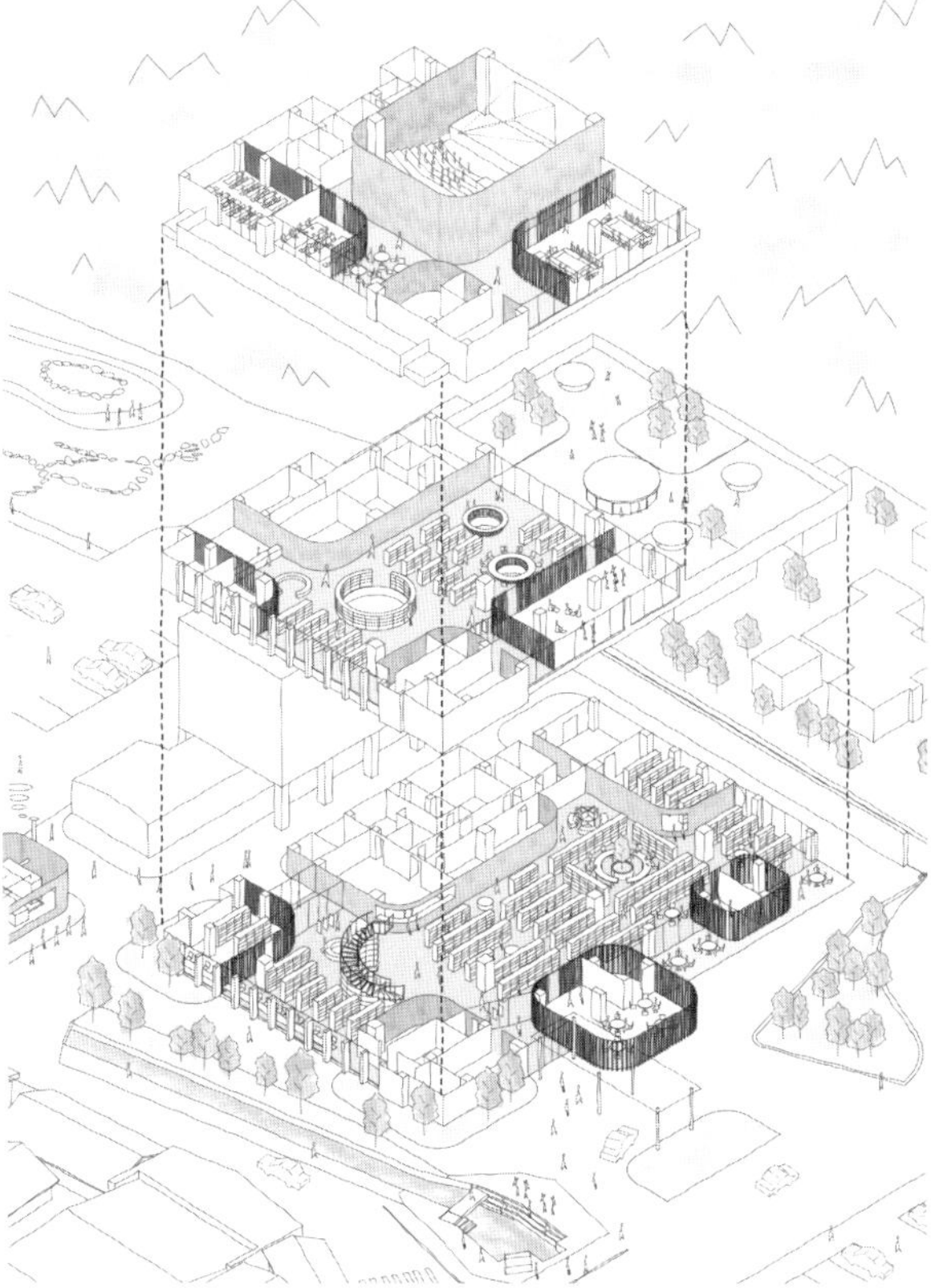

真庭市立中央図書館案

真庭市中央図書館

置的にも勝山がいいだろうということになりましたが、現勝山図書館は築50年近くが経過し、老朽化が著しい状況でした。そこで新築、既存施設の一部もしくは全部転用等、さまざまな検討を行った結果、旧勝山庁舎を全館改修することにして、プロポーザルコンペで設計者を選定しました。旧勝山庁舎は、合併後、本庁舎として使用していたのですが、平成23年に久世に新庁舎が完成した後は振興局庁舎として1階のみが利用されていて、施設がダブついていました。

勝山は古くは勝山藩2万3千石の城下町で、出雲街道の宿場町として栄えました。白壁の土蔵、なまこ壁や連子格子、白壁の家々など、城下町特有の武家屋敷や商家が残っている家並みは岡山県の「町並み保存地区」に指定されています。家々の軒先を飾る草木染めの暖簾はまちおこしのひとつで、旧勝山庁舎は勝山駅からずっと続く「のれんのまち」の終点に位置しています。落ち着いた場所なのですが、しかし、どうも外観を含めて「のれんのまち」に合っていない。そこで、これを再生して、歴史的町並みの終点を延ばしたいという思いもありました。旧建物がまったくダメなら建て替えるしかありませんが、まだ立派に使えるものを使わない手はないので、リファイニングによって内部はもちろん、外観まで含めて変えていただけるというのは本当にありがたいことです。

コンペには全国から10社の応募がありました。岡山理科大学の先生をはじめとした審査員に審査をしていただいたのですが、後で報告を聞くと、ある応募者が「青木先生のところなら、負けても仕方無いな」と言っていたそうです。私どもとしては、客観的に一番相応しい設計者を選ばせていただいたと思っています。

青木――コンペの面接の際に、あまり質問が出なかったので、「大丈夫かな」と不安に思い

❖真庭市立中央図書館

所在地：岡山県真庭市勝山53－1
主要用途：図書館
事業主体：真庭市
既存建物：庁舎（旧真庭市勝山振興局）／1980年竣工（着工時築37年）
確認済証：有、設計図書：有、構造計算書：有
設計・監理：青木茂建築工房
構造：金箱構造設計事務所
施工：三木工務店・三和建設特定建設工事共同企業体、オオタ電業、三協商建
構造／規模：鉄筋コンクリート造／地上3階
設計期間：2016年3月～12月
施工期間：2017年6月～2018年2月（予定）

「真庭市中央図書館」完成予想図

既存建物

天井にトップサイドライトを設置（工事中）

2階の床を一部撤去し、大階段をつくる（工事中）

「真庭市中央図書館」１階一般開架スペース

１階と２階を結ぶ大階段（CG）

ながら帰ったことを覚えています。質問が多いと、関心を持ってもらえたのかなと思えるのですが。

ぼくの出身地である大分の田舎も合併しているのでわかるのですが、合併すると地域にやや温度差ができるという感じがします。そして勝山の町の風景を見ていると、町並みの終点を延ばしたいという気持ちがよくわかったので、市民の皆さんが集まってつながることができる図書館になるように、2階の床に穴を開けて吹抜けとして上下のつながりをつくったり、また、勝山の風景のすばらしさ、自然のすばらしさを感じたものですから、積極的に外に出てもらおうと考えて、2階にテラスを設けて内外がつながることを意識しました。

ちょっと残念だったのは、真庭市が力を入れているCLT（Cross Laminated Timber：直交集成材）をもっと使いたかったのですが、耐震で使っている事例はあるが実際に短期間でそれを実現するのは難しいと思い、仕上げ材としてできるだけ使うようにしました。かなり面白いものになると思います。

太田――当時、CLTはまだ建築基準法の構造材になっていなくて、大臣認可だったので、制約もあったと思います。

私どもが考えていたのは、元の議場をミニシアターにしたい。子供を持つお母さんが安心して本が読めるようにしたい。今の図書館は本だけではなく、「知の情報館」ですからね。それから、高校生が勉強に利用するのもいいだろう、と。

真庭には映画館がないんです。臨時に映写できる所はありますが、少人数でも気軽に映画を楽しんでもらえる場所が欲しかったのです。山崎樹一郎さんという映画監督がお父さんの出身地である真庭に帰ってきて、今、トマトを栽培しながら映画をつくっています。昔から

2階屋上

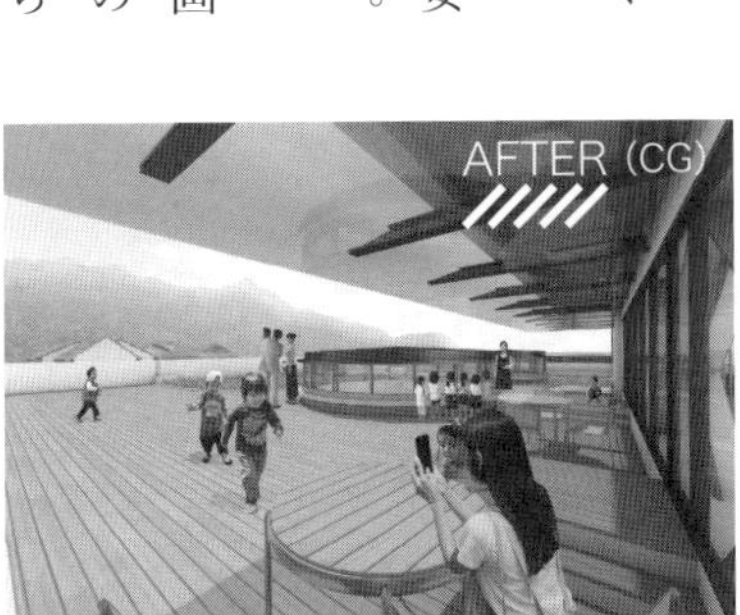

2階キッズテラス

良い映画をつくっていて評判が高かったのですが、真庭で若い酪農家を描いた「ひかりのおと」や江戸時代の農民一揆をテーマにした「新しき民」という映画をつくりまして、それがアメリカやヨーロッパでも上映されています。映像文化を大事にしようという雰囲気が盛り上がってシネマニワ（cine/maniwa）という活動も始まっているので、今回設計していただいたスペースも生きてくると思います。今後の課題はいろいろありますが、徐々に全体を整備していければと思います。

勝山には秋の祭、「だんじり」があって、来年の小学校5年の道徳のある教科書で、祇園祭、永平寺のお祭り、成田のお不動産と勝山祭の４つが地域の祭として紹介されているんです。それくらい勝山では盛り上がるのですが、図書館の傍には「だんじり」が常時展示されていて、伝統的なものも見てもらえます。

久世にある「エスパスホール」は東京のサントリーホールの音響設計をした永田音響設計の豊田泰久さんの設計で、そこでドイツ在住のピアニスト・川﨑翔子さんがＣＤ録音をしました。エスパス混声合唱団が東京文化会館で「漱石が上野で聴いた『ハイからの音楽会』」に参加したり、書でも日展特選2回という人がいたり、文化面でも真庭は頑張っていますから、「知の情報館」ができることでさらに弾みがつくと思っています。

ー地元の施工会社でリファイニングする意味ー

青木――旧勝山庁舎の構造体はかなり良い状態でした。仕上げを取って解体すると、もろに

3階議場

3階映像シアター

強度がわかるのですが、非常に堅いコンクリートでした。

全国のいろいろな所でリファイニング建築をやっていますが、結局骨材が良い所はコンクリートが良いんですね。山の中というのはその確率がかなり高いのです。状態が悪い所はとことん悪くて、周辺の建物はほとんど悪いことが多い。コンクリートプラントができた後はプラントによっても違います。

太田――確かに、コンクリートの良さ悪さで建物の寿命はまったく違いますね。

青木――今、国土交通省は補助金を出して耐震診断をやっていますが、そのデータをもう少し集めて分析すると、地域的にものすごく良い所と、ここはちょっとやばいという所、ほとんどダメな所がわかる。そうするとわれわれが耐震のデータを見る前に、どういう状態かが把握できます。それをやったらどうですか、と国交省に言ったのですが、どうも建築研究所がやっているようです。

太田――それは地域別の結果も出るけれど、建設会社の評価も明らかになることになりますね。

青木――ぼくは、それも良いことだと思うんです。これから施工する人たちが気持ちを引き締めてやるようになります。そうしないと建設業界は健全にならないと思う。

リファイニング建築は最初の見立てが重要ですから、公共の建物は役所の方が耐震診断をやって、われわれはそのデータをいただくわけですが、民間の場合はデータがほとんど無いことが多いのです。そこで、まず躯体の調査から入るわけですが、最初にかなりの調査費がかかるとなかなか難しいので、シュミットハンマーで当たりを付けて、これで大丈夫ならいけるだろうと確認したのち調査費を出してもらうのですが、そこの見極めが難しい。われわれも悩みますが、オーナーさんはずいぶん悩まれると思う。ですから、指標ができるとすごくいいと思うのです。

太田——役所もすべてがすべて将来的に文化財になるような建物ばかりつくるわけにはいきませんが、建築は時代を反映しますから、そういう意味では役所がつくった建物がその時代の、その地域の代表的なものとして残っていくという義務もあると思うのです。もちろん、市民的な理解が必要ですが、デザインも、構造的にも、使い勝手も優れた建物をつくって、管理もちゃんとして永く使う。これからはそういう時代になりますね。

青木——リファイニング建築は出来上がったら新築と変わらないんです。建物は安全につくることが大前提ですから、古い建物を再生するリファイニング建築の場合、工事の途中で見ていただくのがいいと考えて現場見学会を実施しています。今回も、市民と専門家を対象にした見学会を開催していただきました。

よくオーナーさんから施工会社は決まっていますかと聞かれるのですが、基本的には競争入札で決めます。しかし、各種の書類づくりとか監理がまったくダメでは困るので、役所の工事を年に1件か2件やっている施工会社にお願いしたい、と言います。そういう意味では、特に地元の業者はその地域での信用が一番ですから、地域に密着した施工会社は第一線級の現場監督が文句の言いようがない仕事をしてくれます。今回、図書館のリファイニング工事

工事中の市民見学会の様子

同右

を担当した施工会社はすごく良いですよ。ぼくらが見ても本当に素晴らしい仕事をしていると思います。こういう施工会社が増えてくると、ぼくらがやっているリファイニング建築も進んでいくし、市民の皆さんが地元の施工会社できちんとできる、と評価してくれる。それはとても良いことだと思います。

リファイニング建築とまちづくり

太田——今までは勝山のまち歩きをする観光客も「御前酒」の酒屋さんのところまででしたが、この建物が完成すると単に図書館というだけではなく、まちの名所になると思います。

青木——コンペを取った後、改めて勝山に来てみて、なかなか魅力的な所だなと思いました。図書館の前の道に水路がありますが、あれをもうちょっと整備して休憩できるような所にすると、もっと雰囲気が良くなると思います。

外観について、最初は思いっきり変えようかと思ったのですが、もともとある建物がちゃんとつくられていたものですから、今までこの建物を使っていた方々の記憶も大事にしたいと思ったので、その雰囲気を残したままのほうが良いだろうと判断しました。その代わり内部はかなり最先端のデザインにして、なおかつ真庭市に相応しい木材を多用して、かなり気をつけてデザインしました。

既存建物は「勝山町並み保存地区」の北端部に位置する

既存建物の足元には水路があり、鯉が泳いでいる

太田――外を芝生の広場にするとか、建物だけではなく周辺も含めた調和が大切ですね。清流・旭川も地域のイメージとして生かしていきたいと思います。600メートルほどの家並みをどう長期的に維持していくのか、行政だけではなく、市民の力を生かしたいといろいろやっているところです。

久世駅の近くにCLTのトイレをつくりましたが、あれは第1号で、真庭に来たらトイレに入って感動する、そういう地域にしたいな、と。いろいろ思いは膨らみます。

ヨーロッパのような石造建築は、外観はそのままで中をがらっと変えるようなことがやり易いのでしょうか？

青木――石造もレンガ造もそうですが、地震がない国は再生し易いのです。

ロンドンにAAスクールという建築学校があるのですが、そこの江頭慎教授によると、コンクリート建築の再生はヨーロッパでもまだ緒に就いたばかりのようです。コンクリートが誕生して約100年ですが、コンクリート打放し建築としては世界最古と言われている、パリの郊外にあるノートル・ダム・デュ・ランシー（設計／オーギュスト・ペレ、1923年）は5、6年前に補修しています。ヨーロッパでもコンクリートの建物の再生はこれからだと思います。江頭さんは、「青木さんのやっていることが、たぶん一番技術的に進んでいる」と言っていました。

太田――フランスは木造建築に回帰するというか、木材を上手く使おうという方向に向かっているように見えますが。

家々には個性豊かな「のれん」がかかり、町並みを彩る

白壁・格子窓の商家や民家、なまこ壁の土蔵など伝統的な建造物が残る

青木――コンクリートはつくるのにエネルギーを使いますから、それが大きな問題になってきています。木材は再生できますし、古い建物の材料も使えます。環境の点から、木造は世界的な潮流です。

太田――久世にある旧遷喬尋常小学校は今年で築110年になるんです。国の重要文化財なので制約はありますが、これをもっと活用したいという思いがあります。ありがたいことに、真庭には評価される建物が結構ありますので、「なんとなく風格があるね」と言われるような地域にしていきたいと思いますね。

市内の公共建築は平成27年度末時点で579施設あります。合併によって多くの公共施設を引き継いだわけですが、老朽化が進んでいる建物もあって、長寿命化の取り組みは喫緊の課題です。一方で、平成22年に48,964人だった人口が、30年後には約30パーセント減少するという推計もあります。財政状況を考えながらやらないと、これもやりたい、あれもやりたいというわけにはいかないという状況です。考え方としては、もう全体の建物は増やさずに、壊すものは壊しながら、残すものをリファイニングしていく、そういう考え方です。

今回、せっかく立派な図書館をつくっていただくので、教育委員会に注文を出しているのは、ここに来ればこんな研究ができるという特徴のある図書館にすることです。実は今もCLT関係の研究をしている人が、東大の図書館にないCLTの文献が久世図書館にある、と言うんです。この地には高瀬舟の歴史がありますから、昔の河川交通の文献を集めるとか、そういう特徴を持って資料を収集していけば、20年くらい経つと研究者が来るような図書館になる。今はネットでつながっていますから、地区図書館相互の貸し借りはできますので、あとは特徴を持たせたいと思っています。

勝山町並み保存地区

かつて産物の輸送に利用された旭川。勝山が最上流の船着場であり、町は隆盛を極めた

「真庭」という名称は、明治33年に真島郡と大庭郡が合併して真庭郡になったのです。大庭郡には奈良時代以前の寺院跡があり、蒜山には装飾古墳があるなど出雲文化の影響がかなりあります。南は古代吉備族で、造山古墳という日本で4番目の前方後円墳があります。吉備族の地域と出雲族の地域があって、歴史的にはまったく違う所が一緒になったのです。古代は真ん中にはあまりなかったんですね。高速道路が東西、南北に走っていて、インターが5つありますから、車さえ運転できれば1時間以内に何処へでも行ける。そういう意味では南と北を結び付けて、1プラス1を3にすることが可能です。例えば今、バイオマス発電所の材料が余って困っているのですが、それも真庭市という大きな市域だから一体的に考えることができるわけで、それは広域合併の成果と言えます。中央図書館ができたのも、合併のひとつの成果です。

今回、図書館を考えた時に旧遷喬小学校が頭にありました。旧遷喬小学校をつくった時には町の年間予算の3倍かかったらしいんです。立派なものをつくればいいとは言いませんが、やはり私は100年もつくらいの建築をつくり、あとは地域でソフトを頑張る。ヨーロッパなど歴史のあるところでは建築の再生が主流になっていますし、日本も徐々にそうなってきていますね。こういうかたちで建物を新しく蘇らせ、新しい価値を入れていくことが重要だと考えています。

（2017年10月27日、真庭市にて）

竹中宣雄

ミサワホーム取締役会長

たけなか・のぶお
1972年ミサワホーム入社／1988年ミサワホーム青森（現東北ミサワホーム青森支店）代表取締役店長／1995年ミサワホーム取締役。その後、販売会社トップを歴任し、2004年ミサワホーム執行役員、2007年取締役専務執行役員を経て、2008年代表取締役社長／2017年6月より取締役会長

青木先生がおっしゃっていることで共感したのが、「リファイニング建築の5原則」です。総合住生活産業としてこれから街の再生に取り組むのなら、この5つのことは基本に据えなければならないと痛感しました。

リファイニング建築は街づくりにつながる

―多様なポートフォリオのキーとなる「リファイニング建築」―

竹中――ミサワホームは今や住宅メーカーとしては珍しいくらい、一戸建ての住宅をつくり続けてきた会社です。現在、多くの住宅メーカーさんはゼネコンのようになっていますが、ミサワホームはかたくなに戸建住宅を、しかもオープン工法ではなく、われわれがミサワ工法と呼んでいるオリジナルの「木質パネル接着工法」でつくってきました。

戦後の日本は結婚するのもしないのも自由、子供を持つのも持たないのも自由だと歩んできて、その結果、合計特殊出生率1・44とか1・45という状況が続いてきました。今、少子化で大変だと慌てていますが、日本はそういう歴史を選んできたわけです。何かの本で特攻隊員が両親に宛てた手紙を読んだことがあるのですが、彼は飛び立つ前に結婚して、その子供の顔を見ることとなく戦地に向かうわけです。その手紙の中で、親より先に死ぬのは親不孝だけれども、子孫を一人残すという役目だけは果たした、と書いていました。いろんな思想があるとは思いますが、昔の日本の若者は子孫を残すことも自分の役目だと認識していました。国の文化もそうだったのでしょう。それが次第に個人の自由が尊重され、こうして生活してきた結果が現在のようなマーケットをつくったのです。私は1972年にミサワホームに入社して以来、ほとんど現場で経験を積んできて、社長に就任する直前まで現場にいましたから、これは大変なことになってきたと肌で感じていました。

これから会社の舵取りをどうやっていこうかと考えたときに、ミサワホームという一戸建て住宅だけを製造販売している超一本足打法から、ポートフォリオの多様化へという方針を打ち出しました。2016年に閣議決定された「住生活基本計画」などで住宅ストックということが盛んにいわれていますが、それもポートフォリオの多様化のひとつで、その中の極めて重要な要素としてリファイニング建築という再生手法がありました。青木先生がおっしゃっているように、建物には所有者の思いや歴史、文化が入っている。それを経済的に、かつスピーディーに再生する手法はないのかと探していました。そのような中で先生から「リファイニング建築」の話をうかがった時、まさにこれだと思い、それ以来、会社としてお付き合いするようになり、青木先生の事務所と2015年に業務提携を結ぶに至りました。

青木――ぼくは九州のローカルなところで「リファイニング建築」という手法を考えたわけですが、それは建築家人生を全うするまで走り切るための建築とはなんだろうと考えたからです。そして30代半ばに安藤忠雄さんが団長だった建築ツアーに参加して、カルロ・スカルパが設計した「カステルベッキオ美術館」(1964年)のように古い建築を上手に再生しているのを見て、こんな建築をつくりたいなと思いました。ところがやってみると、日本の建築基準法は建築の再生にまったく相応しくないことがわかり、それをどう摺り合わせるかを

カステルベッキオ美術館
イタリア・ヴェローナに14世紀に建てられた城をカルロ・スカルパが美術館に改修した。

やってきました。

そして、やっとこの10年くらい、リファイニング建築が認められるようになり、ぼくは技術というのは公開したほうがいいと思っているので、リファイニング建築についての本を何冊も書いてきましたが、リファイニング建築はやや特殊過ぎたのか、なかなか一般化しませんでした。

ぼく自身、常にステップアップしたいという思いがあり、今やっていることよりも次のプロジェクトではさらに上を行きたいと考えてきました。ひとつは技術的な面と、もうひとつはそれを広げるという課題です。技術的な面については、建物の調査から設計、施工、さらに金融機関とタッグを組むことができて、一応完成したかなと思っています。

これからは地方都市の過疎化した地域をリファイニング建築の手法によって再生することに取り組んで行きたいと思っています。リファイニング建築は新築に比べるとコストも安いし、潜在的なポテンシャルがある地域で有効だと考えているので、それをミサワホームさんとやってみたいなと思っています。

竹中――先生がおっしゃっていることでとても共感できたのが、「リファイニング建築の5原則」です。「環境に優しい」「新耐震基準への適応」「建物の用途変更が可能」「大幅なコストダウン」「デザインの一新」の5つですが、総合住生活産業としてこれから街の再生に取り組むのであれば、経済的な効果だけを求めるのではなく、この5つのことは基本に据えなければならない大切なことだと痛感しました。街を再生しながら自然と共生していくというのは大変素晴らしいことで、それができる手法はリファイニング建築以外にないだろうと思います。これをマスターできれば、ミサワホームとしてポートフォリオの多様化に向けたひとつの武器を持つことができる、というのが今回の業務提携の動機です。

「リファイニング建築」を学ぶには？

竹中――「リフォーム」というのは一般的に使われている言葉ですが、われわれも古くから取り組んでいます。これからマーケットが小さくなっていきますから、既存再生をどうやっていくかは大きな課題です。既存建物をどう評価していくかに関しては国土交通省は「安心R住宅」という制度の運用を考えていますが、われわれ住宅メーカー10社では優良ストック住宅推進協議会をつくって、「スムストック」という制度の運用を行っています。例えば築20数年の住宅を不動産屋さんが査定すると、場合によっては評価額がゼロになったりしますが、ストックの認定を受けた住宅はそうではないんです。ベンツやBMWは中古車になっても高い値が付くように、それとまったく同じ現象が住宅業界でも起きています。先日も、築6年のミサワホームのオーナーが不動産屋で査定して売却値段を出してもらった後にわれわれの所でスムストック査定の基準で査定したところ、不動産屋より1、200万ほど高かったというケースがありました。もちろん、直ぐに売れました。われわれは長期にわたり高い性能を維持できる住まいをつくっていますから、中古住宅流通のマーケットにもスムーズに対応できるのです。

海外の場合、住宅の投資額と評価額はほとんど変わりませんが、日本は戦後、住宅に約800兆円投資したが今それを査定すると300兆円くらいにしかならない。それで消えた5

00兆円と言われているのですが、特に日本の木造住宅は30年も経つと古い、汚い、怖いと言われて、投資額と評価額に差があるため、なかなか中古住宅流通市場が発展しないということがありました。今後、中古住宅流通市場を発展させていくためには、われわれも努力していく必要がありますが、先生の目から見て何かミサワホームにプラスしたほうがよいと思われることがありましたら、ぜひご教示下さい。

再生の手法にはリフォームやコンバージョンもあって、機能を新しくするやり方はたくさんあります。しかし、環境への配慮からデザインの一新に至るまでの5原則に則って取り組まれているのはリファイニング建築だけです。これをミサワホームでも活用できたら、という思いでした。

青木——業務提携でリファイニング建築の技術を営業のツールにしようとしたケースは、ほとんど失敗しているんです。ですから、お話をいただいたときに、営業ツールにするなら、ぼくはやらない、と申し上げました。ところがミサワホームはビルを保有して、それを再生して使うというので、なかなか良い方法だなと思いました。ずっと保有してもいいし、売却してもいい。それは事業として面白いのではないか。だったらやりましょう、ということでした。

佐藤 徹（ミサワホーム開発事業部長）——アセット事業のひとつの考え方ですが、自分たちで保有するということが、リファイニングをやる方々と同じ目線に立っていることだと思うのです。ミサワホームは建物を保有し、先生からリファイニング建築の技術を提供していただき、コラボレーションしていく。今まさにそれをトライアルしているところです。

佐藤 徹氏

竹中――リファイニング建築を行うにあたり、どのようなことをやるのかを聞いてみましたが、これは話を聞くだけではとても無理だと思いました。リファイニング建築は青木先生の独特な手法ですから、水先案内人が絶対に必要だと思いました。相当根気がいる仕事で、実際に自分で手を動かしてみないと理解できないだろうなと思ったのです。業務提携することでいろいろ学ぶことができますが、でも、シズルというか、臭いだとか香りだとかというものは体験しないとわからないように、リファイニングすることも同様だと思いました。特に、先生は文化やつくった人の思いを忘れないでリファイニングするということをおっしゃっていますので、先生の所へ修業に行って、直に教えていただかないと、たぶん重要なことは学ぶことができないだろうと思い、出向社員の受け入れをお願いしました。出向する社員は社内から公募しましたが、社員の中には何か新しいことにチャレンジしたいという気持ちの人がいて、そういう人が手を挙げてくれました。

ミサワホームでは、現場での体験が人を育てると考えていますので、グループ内の販売会社に出向することが多いんです。私は47年ほどミサワホームにいますが、そのうち約半分は販売会社で仕事をしてきました。現場経験を積んだ人こそがさらに大きく成長するものだと思っていますので、先生の所に出向している社員も大きく成長してほしいと思っています。

青木――ぼくとすると、自分の考えてきたことが世の中からようやく認められるようになったが、自分だけで終わったのでは意味がない。事務所のスタッフにそれを継がせると同時に、もっと広げてボトムアップを図らないとダメだと思っていたんです。禅語に「碎啄同時《せつたくどうじ》」という言葉がありますが、ミサワホームさんからいただいた話とぼくの精神状態がちょうど合ったんですね。ぼくに残された時間の中で、なるべく多くの人にリファイニング建築の技術を学んでもらいたい。そういう意味では良いタイミングだったと思います。

竹中――われわれは工業化住宅をやってきましたから、一般構法でも新築なら手慣れたところがありますが、リファイニング建築はまったく違うことでしょう？　そういう意味では、出向した社員が上手く理解して、「リファイニング建築は面白い」と言って帰ってきてくれればいいなぐらいの気持ちでした。それくらい、ひとつのことしかやっていない会社で、そのことに対して私は危機感を持っていましたから、藁にもすがるような気持ちだったのです。

私が社長に就任したときに、役員会議で20年後、30年後のミサワホームをどういう会社にしたいかと聞いたところ、戸建ての住宅メーカーとして生きるべきだという意見が大多数でした。ミサワホームには「パネル接着工法」という優れた工法があって、50年間それで成功してきたのに、何で余計なことをする必要があるのかというわけです。人間には成功体験にすがりたい気持ちがありますから、その方向を変えるのに10年かかりました。やっと少しずつ社員がわかってくれて、「あれっ」「おやっ」と気が付いてくれかけたかな、というところです。

実際のところ、昨年の決算も戸建て住宅事業以外が伸びたお陰で、増収増益を確保できました。住宅の着工数は数字では増えていますが、増えた部分はほとんどがマンションやアパートです。リーマンショックの翌年、戸建ての専用住宅の着工戸数は大きく減少しましたが、今ではその戸数とほとんど同じくらいです。こういったマーケットの変化には対応していかなければならないので、経営者として何か手を打たなければという気持ちが強くありました。そこでいろいろと目を凝らしていたわけですが、リファイニング建築に出会って、これはすごいんだろうなあ、でも手間がものすごくかかりそうだなあ。扱う建物もわれわれが得意としてきた木ではなくコンクリートだという違いもある。しかも、リファイニングをするかしないかを見定めないといけないが、その見定めをする技術の経験はわれわれにはない。解体して、軽量化して、環境配慮して、新耐震設計にして、文化を残して、ああ、これはとても難しいな、と。話を聞いて理解できるものではない。だったら、とにかく修業させてもらって、さて、それで上手く行くかどうか、という気持ちでした。

佐藤——調査から設計、現場の工事監理まで、リファイニング建築は実際に経験してみないとわからない。

青木——ミサワホームから出向して来ているスタッフは、長い人は3年近くになります。ひとつの建物を自分で設計して完成まで見ますから、一通りのことは覚えたと思います。旧建物をどう見立てるかが一番難しくて、うちのスタッフでもなかなかできないのですが、そこを指導してやれば、後はかなり走り切れるのではないかと思うのです。

竹中——それだけ指導していただいたということですね。ありがとうございます。

青木——まず1年間、月2回、レクチャーと模擬演習の勉強会をやりました。最初は抵抗もあったと思うのですが、乗ってくれた感じですね。仕事の後、一緒にお酒を飲むとブツブツ言いながら、「でも面白い」と。

佐藤——初めは何からやっていいのかわからない。構造を勉強してもできるものじゃないし、この建物をどう変えるか、白いキャンバスに自分で描いていくしかない。でも、やり始めると面白いのでしょうね。

竹中——それは、わかるような気がするなあ。

青木——今、秋田でミサワホームさんと一緒に仕事をしていますが、それを担当した人は相当自信つけていますよ。「面白かっただろう?」と聞いたら、「手ごたえあります」と言っていました。今、名古屋の計画があるのですが、それは自分で立候補して「やりたい」と。

竹中——そういうものなんですね。川の向こう側にいて、いくらこっち側のことを勉強しようとしてもダメなんです。やっぱりこっち側に来ないと。それは私自身が何十年も現場で経験してきているから、実感としてわかります。本当に良い勉強をさせてもらっていると思います。

青木——ぼくは最初、指導するなら新卒がいいなと思っていたんです。でも、出向で来ていただいた人はそれぞれ個性があって、ぼくがそれを飲み込めば、かえって面白いんじゃないかと思います。個性をマイナスと見るか、プラスと見るか、プラスと見ればすごく面白いですよ。今来ている人たちはぼくの娘と同じ年頃なので、そういう目で見ると、それぞれ自分の人格も持っているし、自分がこれまでやってきたことにどうやって新しい技術を載せるかということを考えてくれれば、新卒に教えるよりはるかに楽です。すでに社会的な教育がされていますからね。

「北海道旧初台公宅」リファイニング工事

佐藤――「北海道旧初台公宅用地有効活用事業」は、先生と初めて一緒に取り組んだ、北海道庁のプロポーザル案件でした。十数社の応募の中からわれわれが勝ち取ったのですが、他社はみな建て替え案で、われわれだけが再生での提案でした。初めての再生提案だったので、勇気を振り絞って提案をしました。

青木――そうだったの？　ええっ!?

竹中――私も現状の写真を見た時、築50年を超える建物で、リファイニング建築の提案をしたと言うから、いくらなんでもこれは無理じゃないかな、という気がちょっとしました。ただ、そうはいっても、再生建築はわれわれがチャレンジしたいことですから、それはもう、万が一上手く行かなくてもしようがないな、と思っていました。ロケーションは良い場所でしたので、ぜひともやりたいと思っていました。しかもそれをリファイニング建築でやるというのが素敵じゃないですか。

佐藤――リファイニング建築でやると決めて勝負に出ましたから、がんばりました。

❖アスプライム初台（北海道旧初台公宅）
所在地：東京都渋谷区初台2—9—10
主要用途：共同住宅（賃貸）
土地所有者：北海道
土地借主・建物所有者・総合監修：ミサワホーム（50年間の定期借地契約）
既存建物：
　宿舎／1964年竣工（着工時築53年）／18戸
　確認済証：有、検査済証：無、設計図書：有、構造計算書：無
設計・監理：青木茂建築工房
構造：木下洋介構造設計室
設備：ZO設計室
施工：東急建設
構造／規模：鉄筋コンクリート造／地上4階／21戸
設計期間：2016年9月～2017年3月
施工期間：2017年4月～10月

しかし、審査の最終段階の面接では質疑もなく、あっという間に終わって、道庁の感触は手ごたえがありませんでした。ところが直ぐ次の日、「入選に決まりました」と言われ、大変うれしかったと同時に驚きました。

この事業についても、先日、工事過程の見学会をやったのですが、450人以上もの見学者で大盛況でした。

竹中――われわれは新築が中心の住宅メーカーですから、普通は工事が始まってから組み立て見学会をやるわけです。ところが解体見学会をやるというのですから、これがリファイニング建築なんだな、と思いました。私は出張中だったのですが、見学者は100人くらいかなあと思っていたところ、400人を超えたと聞いて、やはりリファイニング建築は注目を集めていると確信しました。築年数が古く、旧耐震基準の建物はまだたくさんあります。ホテルなど不特定多数の人が利用する建物のうち大規模なものについては、これからますます耐震化が求められていくでしょうから、ニーズは高いと見込んでいます。

佐藤――実際にやってみて思ったのは、見積もりがなかなか難しいということです。

青木――初めてのゼネコンさんだと、そこがちょっと大変かもしれません。

佐藤――建物を解体して、鉄筋の状態、コンクリートの状態を見て、必要なところの開口を広げたり、軽量化したり、あるいは新しい壁をつくって補強して、エレベーターシャフトをつける空間をつくってと、ひとつ一つに理由があるわけですね。見学会ではその説明と現場

北海道庁が所有する築50年を超す職員住宅の土地の有効活用を図るコンペで、ストック活用、環境負荷低減の観点からリファイニング建築により再生、ミサワホームの保有として活用する提案をし、事業者に選定された

アスプライム初台　2017 ← 1964

の状態を一緒に見ることができるので、大変評判が良かったです。見学者は自治体や大学関係者も来ていました。寄宿舎とか寮とか、大学は持っている固定資産を活用したいのでしょう。銀行や税理士さんも来ていました。

街の再生に向けて

竹中――先ほどお話しした「住生活基本計画」の中に老朽団地の活性化、住宅地の魅力の維持向上という項目もあって、古い街をどう活性化していくか、という協議会が初めてできました。今あるストックをどうやって有効に活用して活性化していくか、みんな真剣に悩んでいるのです。

青木――これまでいろいろな街づくりコンペに参加しましたが、うちの事務所だけでは、技術は大丈夫だけれど事業として展開するときに力不足でした。ミサワホームさんとタッグを組むことによって、かなりの街の再生ができるのではないかと思っています。

佐藤――今、先生がやっている秋田のプロジェクトはすごいと思います。リファイニングして新しいテナントビルになるわけですが、テナントが付かなくて潰れたのに、リファイニングしたら新しいテナントが入って来た。流出人口が日本一多くて人口が減少している街ですが、駅前で働きたいという地元の若い人たちも結構いるんですね。

秋田 OPA

2017 ← 1974

老朽化したコンクリートの外壁をフッ素樹脂塗装アルミ板で覆うことで南側ファサードを一新

秋田もそうですが、リファイニングがリノベーションやリフォームと違うのは、経営改善の手段だというところです。例えば、ホテル業はトレンドがあって、従来のホテルが老朽化などで通用しなくなっている現状がある。大宴会場やバンケットホールなどはもう必要なくなり、機能重視で一日の来館者数でどれだけ稼働率を上げるかが重要になって、代替わりしてこれから50年どうするかという相談が用途変更につながっています。病院もそうです。ですから建物の改修だけの話ではなくて、経営のコンサルを含めた相談が多いのです。

ぼくは、今まで北海道、熊本、広島で再開発計画に携わったのですが、何度か事業が停滞したりしました。再開発は合意形成を取って、権利変換して、事業を進めていくためには時間がかかりますが、リファイニング建築は街全体を一度につくり変えるのではなくて、建物ごとに判断して残すものは残して、と「点」で考えていきますから、それが徐々に街全体に広がっていくといいなと思っています。

青木――デベロッパーさんは、ある程度全体のイメージを固めて来るので、こちらとしてはなかなか説得が難しいということがあるのですが、ミサワホームさんの場合は、すっと入っていった。それが魅力でした。

竹中――それだけ、うちが困っていたんだと思います。ポートフォリオを変えるというのは、なかなか大変なんです。コア事業がしっかりしていて成功体験がありますから、それ以外のことをやるというのは勇気が要ります。今は在来木造住宅もやっていますが、クローズド工法をやってきたのに何故オープン工法をやるのか、と最初は話を通すのが大変で、5年かかりました。やはりコア事業に固執してしまうんです。

❖秋田OPA

所在地：秋田県秋田市千秋久保田町4―2
主要用途：百貨店・喫茶店
所有者：すぐる不動産、日本通運
借主：OPA
既存建物：
　百貨店／1974年竣工（着工時築43年）
　確認済証：有、検査済証：有、設計図書：有、構造計算書：無
設計・監理：青木茂建築工房
構造：耐震構造エンジニアリング
監理協力：小野建築研究所
環境演出協力：アワーカンパニー
照明設計協力：シリウスライティングオフィス
施工：鉄建建設・シブヤ建設工業共同企業体、小西造型（環境工事）
構造／規模：鉄骨鉄筋コンクリート造、一部鉄骨造／地上8階、地下1階、塔屋2階
設計期間：2015年12月〜2017年2月
工事期間：2017年2月〜12月

「秋田 OPA」吹抜けを新設することで重量の軽減を図り、耐震性を向上させた

吹抜け周りに設けられた休憩スペース

ミサワホームは２０１７年に創立50周年を迎え、記念誌をつくったのですが、それを見ましても最初はパネル工法1本で、ひたすら住宅をつくってきました。わりと新しいことにチャレンジする会社でもあって、１９６７年には南極で基地をつくったり、１９７２年にはホームメカといって、設備だけを取り外せるようなこともやっています。その後も様々なソリューションを提案して、住宅を極めてというか、住宅づくりをずっとやってきて、50周年の年にリファイニング建築……。本当に変わってきたなあと感じています。

ポートフォリオの多様化は必然でした。われわれは建築をやってきましたから、建築に関する経営資源がある。人を含めてその経営資源を活用して、今まで手を出せなかった部分でできることは何だろうといろいろ考えてきました。ストックを重視しようという国の方針もありましたから、コンバージョンとかリフォームとかいろいろある中で、リファイニング建築は冒頭に申し上げたとおり環境配慮とか、文化を大切にするとか、耐震だとか、私自身がミサワホームが新しくなるのであれば、こういう要素を持っていないといけないな、と思っていたことが、先生のお考えの中にあったわけです。

佐藤君は19年前の私の部下なんです。私は住宅を売るのが仕事でしたが、昔、駅前の大きなデパートが売りに出たのを見て、「こういうのを買わなければダメなんだ」という話をしたことがあります。当時は資産活用という切り口でしたが、将来は住宅だけではなくてこういう建物も手がけていかなければならない、と言いました。

青木――業務提携を結んで気付かされたのですが、ミサワホームは医療にも強いですね。

竹中――医療、介護、商業にプラスして住まいがある。これは先生がおっしゃっている、歩ける街、Uターンしたい街につながりますね。

マルチハビテーション、一家二居住という考え方がありますが、これから人口が減少していく中で、それも街を衰退させないためのひとつの手法だと思います。

青木――これからの日本の住宅の大きな課題になってくると思います。

竹中――ミサワホームは現在、マンションも商業施設も手がけていて、少しずつ変わってきていますが、リファイニング建築について考えると、自分の会社で施工力を持つ必要があるのではないか、ということも考えています。そうすると、もっとダイレクトに先生の事務所とご一緒できると考えています。

（2017年10月11日、ミサワホーム本社にて）

吉川　肇

元りそな銀行不動産営業部企画サポートグループアドバイザー

青木先生から
「リファイニング建築に融資してね」と
言われてから実現するまで、
結局2年近くかかりました。

よしかわ・はじめ
1957年生まれ／1980年関西大学法学部卒業後、協和銀行（現・りそな銀行）入社／1990年神戸・渋谷・新宿西口支店を経て、組合本部専従。協和銀行・埼玉銀行（あさひ銀行）の合併作業にも従事する／1993年東京中央支店を経て、総合企画部QC運動事務局次長／2005年行革推進部、大森支店、奈良支店などを経て、りそなホールディング内部監査部・上席内部監査員／2007年不動産営業部着任、部内の企画セクションの立上げやリファイニング建築への融資スキームの構築などを行う／2017年りそな銀行を定年退職しRB不動産に入社、社宅代行管理部長

リファイニング建築が銀行融資を受けるまで

「家歴書」が突破口に

吉川――今は、みなさん、更地にして建て直すという発想が主流ですから、不動産を売却するとき、法定耐用年数を超えるような古い建物があると邪魔になる時があります。例えば3億円の土地にしっかりとした鉄筋コンクリート造の建物があり、取り壊すのに数千万かかるとします。厄介なのは「先代の社長がしっかり建てました」という場合で、地下があって、柱も太く解体に1億円くらいかかってしまうとします。そうすると3億円の土地も2億円でしか売れません。売るほうは、建物がしっかりしているからそれを何とか使って欲しいという意識もあるし、あるいは修理すれば使えるだろうと高をくくっている部分もある。われわれとしては、建物をこのまま使う人はいませんか、と情報を流すことになりますが、それだけの金額になると融資も必要です。例えば鉄筋コンクリート造で築50年だとすると、法定耐用年数的にはもう終わっていますから、ローンを組むとなると「パッと見たところ、きれいだし、手入れも良さそうだから、あと10年いけるかな？」と検討するわけですが、常にクエスチョンがついて回ります。融資が難しいとなると現金で買える人を探すわけですが、世の中そう簡単に買ってくれる人はいませんから、そういう物件は店ざらしになる。買い手が出てくるのを待っているうちに持主が疲れて、いくらでもいいや、となって値段が下がり、やっと価格の接点が見えるという話になっていきます。

そうした状況の中で、7年ほど前、営業推進の部長が雑誌で青木先生のことを知り、勉強会をやっていただくことになりました。お話を聞いて、建物を再生できたらいけるかもしれないと思っていると、先生が「何か質問ありませんか？　みなさん、納得していただけたのなら、融資もよろしく」と言われて、みんな、「シーン」となりました。建物が新しく生まれ変わるなんて、われわれの想定外でしたから、「築50年の建物に融資!?　無理だよ」と。リフォームやリノベーションのように設備を入れ換えれば延命できますが、それは5年、10年、頑張って15年延ばすというレベルに過ぎません。銀行は返済に懸念のある融資はできません。10年しか使えない建物に20年の融資を行うと、10年分の融資は返済できない可能性があり不良債権ということになってしまいます。ですから銀行は自信もなく古い建物にお金は貸せないのです。

先生から「リファイニング建築に融資してね」と言われてから実現するまで、結局2年近くかかりました。銀行の不良債権にならないように、公的機関に保証してもらうことも検討したのですが、先方も何年もつのかという判断に自信がないため保証料がえらく高くなって、現実的ではありませんでした。

中性化の判定方法はほぼ確立していますから、建物の物理的な部分が判定できれば、あとは設備や傷んでいる部分をいかに修理しているかが判断基準になりました。それについてはリファイニング建築では「家歴書」をつくっていました。われわれが見ると、壁にクラックが入っていたとしても、ちゃんと塗ってあれば「直したのかな」というくらいしかわからなかったのですが、「家歴書」にはきちんと直したことがすべて記録されている。あれほどきちんとした修理記録は見たことがありませんでした。そして、残存耐用年数の意見書を何処に書いてもらうかですが、銀行側でもなく、青木先生側でもなく、お客さん側でもない、第三者が作成した意見書でないと銀行としては採用できません。そこでERIソリューションさんにお願いしたのですが、最初は、「50年経った物件があと何年もつかというような意見書ができるわけがない」と断られました。このため「家歴書」等の資料をもう一度持っていって、「こういうふうに修理して記録を残します」と工事内容を説明したら、「これだけきちんとやっているのであれば、評価できるかもしれない」ということで、九州の実際のリファイニングの工事で意見書をつくってもらいました。

その意見書を持って、銀行の融資の審査担当や融資企画担当の部署の役員に、リファイニング建築は耐用年数を延ばすのではなくてリセットするんです、と説明したところ、「いけるかもしれないな」ということになりました。その時に役員から言われたのは、「この融資は大丈夫ですか」と質問された時に、「大丈夫だと思います」ではダメだ。「大丈夫です」と言い切らないといけない。「この意見書だったら言い切れるよね」と。しっかりとした「家歴書」に基づいた意見書であるという一点が突破口になりました。

青木——「家歴書」は、ある工事で支払いで揉めそうなお施主さんに出会って、工事の記録を全部残しておけばわれわれの正当性が証明できるだろう、と考えて始めたのです。やってみると手間も時間もかかるが、面白いし、所員の教育にもなる。これはやるべきだと思いま

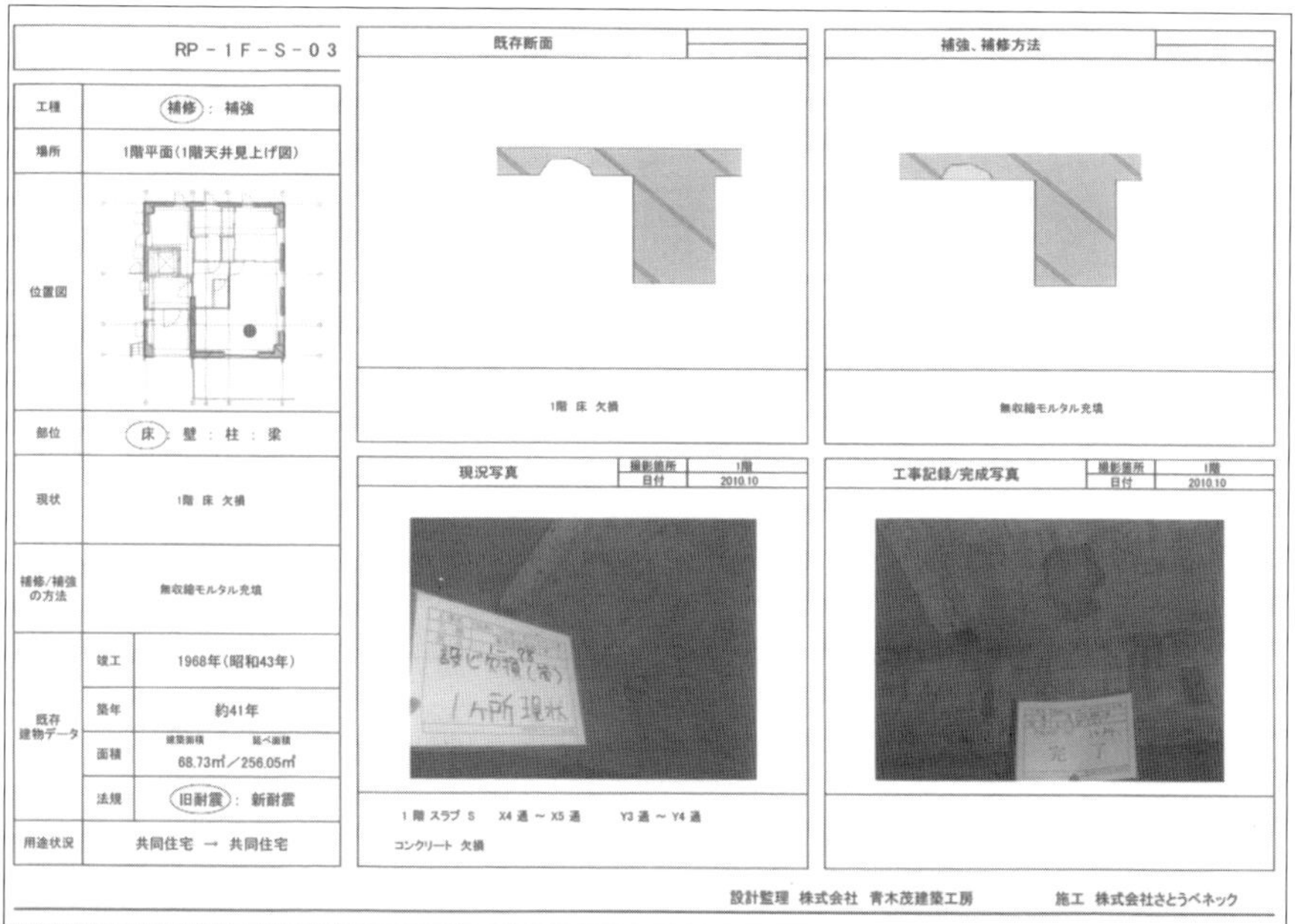
RP－1F－S－03

工種	補修 ： 補強
場所	1階平面（1階天井見上げ図）
位置図	
部位	床 ： 壁 ： 柱 ： 梁
現状	1階 床 欠損
補修/補強の方法	無収縮モルタル充填
既存建物データ 竣工	1968年（昭和43年）
築年	約41年
面積	建築面積 延べ面積 68.73㎡／256.05㎡
法規	旧耐震 ： 新耐震
用途状況	共同住宅 → 共同住宅

既存断面

1階 床 欠損

補強、補修方法

無収縮モルタル充填

現況写真　撮影箇所 1階　日付 2010.10

1 階 スラブ S　X4 通 ～ X5 通　Y3 通 ～ Y4 通

コンクリート 欠損

工事記録/完成写真　撮影箇所 1階　日付 2010.10

設計監理 株式会社 青木茂建築工房　　施工 株式会社さとうベネック

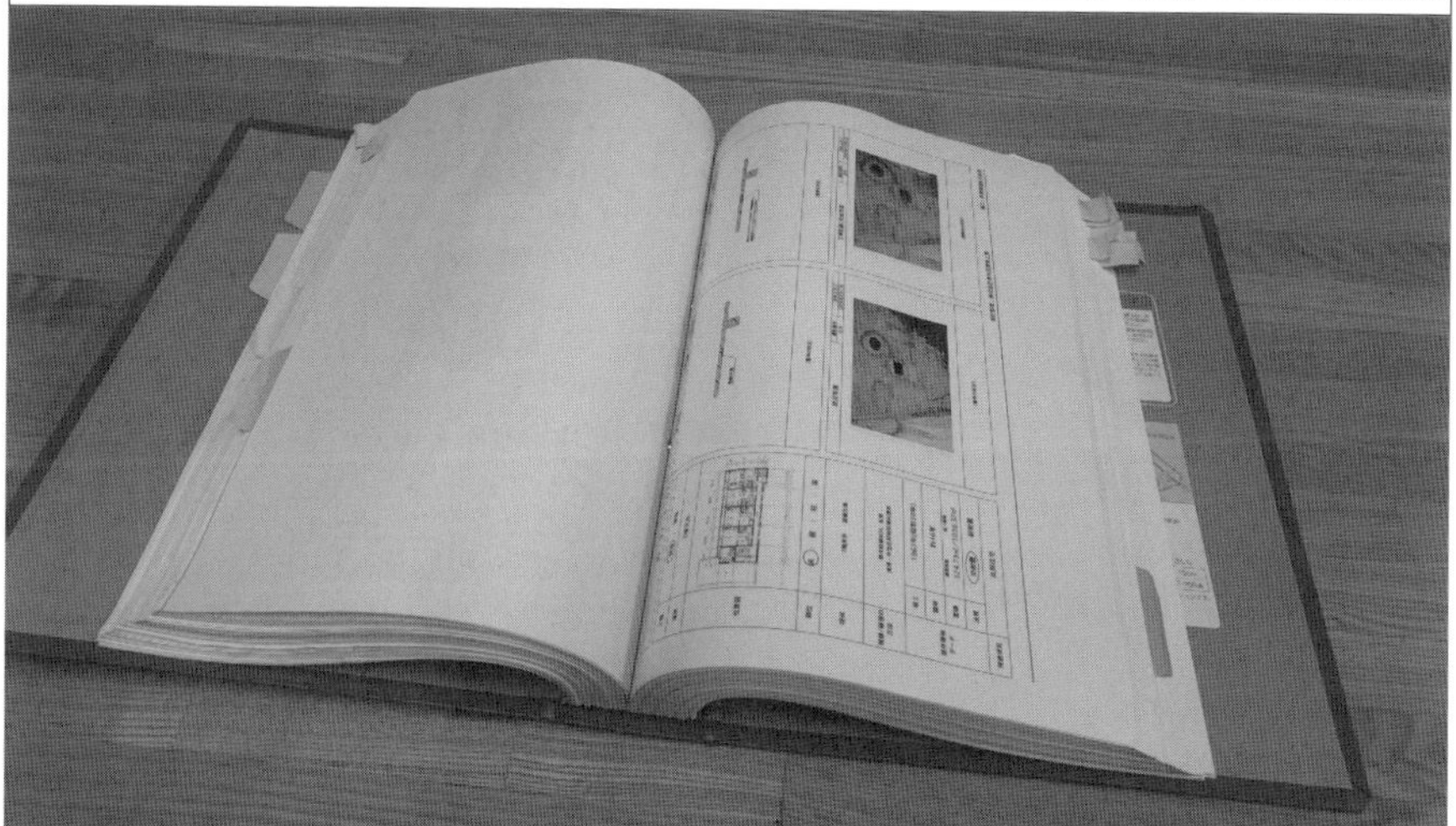

家歴書。欠損などの不良部分、それをどう修復したかが、写真、図面等で記録されている。ひとつの建物で 500 ～ 600 頁、多い時には 1,000 頁にもなる

した。記録を残すとなると、工事中も注意して見るようになります。さらに、解体して補強が終わった段階で見学会を開催して、こういうふうにやっていますと公開すると、クライアントの信頼も得られます。その「家歴書」を銀行が評価してくれるとは思ってもいませんでしたが、苦労した甲斐がありました。そのときの工事は、結局、最後の監理料を払ってもらえなかったのですが、そのお陰でぼくは博士論文も書けたし、プラスのほうがはるかに大きい経験でした。

吉川——ＥＲＩソリューションが評価が可能かもしれないと思ったのも「家歴書」があったからでしょう。これだけ調べて修理するのであれば、傷んでいる箇所は基本的になくなるから、後は物理的な躯体、つまりコンクリートの中性化をきちんと調べておけばＯＫ、そういうことだと思います。

青木——古い建物を再生するときに、耐震診断をして補強方法を考え、評定を出して耐震補強をすれば、地震に関する限りはお墨付きが出ます。これは水平力の問題です。そして断面積があれば軸力はカバーできるので、それをチェックすることが軸力に対する強力な回答になる。例えば「北九州市立戸畑図書館」（２０１４年）では水平力はアーチフレーム、軸力は断面を確保することで、長期的な耐震性能は大丈夫だろうという判断を頭の中でして、構造家にこういうふうにして欲しいと言いました。耐震に対する考え方をぼくなりに解釈し直して、さらにそれをきちんとやったという記録を残すことで、リファイニングの正当性を担保する。そして、それは不幸にして裁判になったときには自分の身を守ることにもなる。そういうことがうまくいったのが「家歴書」の作成でした。

❖北九州市立戸畑図書館
所在地：福岡県北九州市戸畑区新池1－1－1
主要用途：図書館
事業主体：北九州市
既存建物：
　庁舎（戸畑市役所→北九州市本庁舎→戸畑区役所）／１９３３年竣工（着工時築79年）
　確認済証：無／検査済証：無／既存図面：無／構造計算書：無
設計・監理：青木茂建築工房
構造：金箱構造設計事務所
施工：鴻池・九鉄特定建設工事共同企業体、九倉建工、土居工業、恒成電気、日本昇降機
構造／規模：鉄筋コンクリート造／地上3階、地下1階、塔屋3階
設計期間：２０１１年9月～２０１２年6月
施工期間：２０１２年12月～２０１４年2月

北九州市立戸畑図書館　2014 ← 1933

旧庁舎のシンボルである塔屋部分や重厚なスクラッチタイル仕上げの外観を保存するために外部に耐震補強を施さず、内部の補強によって必要な耐震性能を確保した

銀行内の反応は？

吉川――銀行の不動産営業部にもお客様の建て替えの相談に対応できる担当がいますが、古い建物を再生するという発想はありませんでした。私がリファイニング建築の話をしても、「なるほどなあ」という程度の反応でした。大手のゼネコンさんに聞くと、青木先生のことは知っていたけれど、「解体の技術も、建てる技術もドンドン進化しているけれど、安全に壊しながら再生するのはそう簡単にできる話じゃない」と言われました。「そうなんだろうな」とは思いましたが、逆に言えば直ぐに誰も彼も真似してできるわけではないということです。情報収集のために、1棟丸ごとリノベーションして新築と同じようにします、と謳っている会社にも行きましたが、そこで言われたのは、「ターゲットにしているのは新耐震後の建物だ」と言うのです。躯体の構造は大丈夫という前提で、外装、内装などの見た目をきれいにする、配管設備は入れ換える、以上で新築と同等、というロジックで、私は「躯体をそのままでいいのかな」と非常に気になりました。

青木――構造に関する基準はどんどん変わっているので、厳密に言えば新耐震の建物もチェックして最新の基準に合わせなければならないわけですが、それをやっていないケースがありますね。リファイニング建築では、確認を出し直して検査済証を取りますが、それによって法的な根拠ができるわけです。「家歴書」と検査済証があれば、技術と法的なものにブリッジがかかるから、より安全だという判断をしました。

「北九州市立戸畑図書館」２階一般閲覧室。倉庫として使われていた３階の床を解体、旧２階事務室と一体化して天井髙の高い、のびのびとした空間をつくり出した。トップライトを導入している。下左２点はリファイニング前の状態

旧３階倉庫

旧２階事務室

１階こども図書室

吉川――建物を5年、10年延命させるだけであれば、躯体はそのままのほうが安上がりですから経済的合理性は十分ある。リファイニング建築では耐用年数をリセットする、つまりゼロクリアーですから、そのためには徹底的に調べて修理する必要がある。ですから、なんだかんだと言って新築の費用の6、7割かかるわけです。10億円くらいの規模のビルで耐震補強して設備も入れ換えると2、3億円かかりますが、リファイニングだとおよそ倍かかる。お客様は、リファイニング後50年もつと聞いて「なるほどね」とは言っても「本当かな?」というのが頭のすみにあって、確かに新築よりは安いけれど、建物の大きさはそのままだし、「中古は中古だよね」というひと言で終わる。たぶん、その言葉が出て来ると終わりですね。新築できる資金力がある、あるいは融資が受けられる方は、あまり迷わずに建て替えてしまう。リファイニングもソロバン的にいいかな、とは思うのでしょうが、建て替えたほうが間違いないよね、という話になる。

もちろん銀行的にも、6億円のリファイニングより10億円の建て替えのほうが融資額も大きいのでいいのです。でも、お客様にとってどちらが本当にいいのかな、と思うことがあります。例えば、50年近く経ったご自宅があって、その向かいに古い診療所がある。それは先代が建てた自宅と同じデザインのもので、ご家族は「できれば残したい」と思っているらしいという話を聞いて、担当と一緒にお客様のところへ行ったことがあります。その時にはもう建て替えで話が進んでいて、いまさら計画を中止するわけにはいかないということでした。リファイニングなら古い建物を残して新築同様に生まれ変わらせることができたのに、惜しいことをしたなあ、と思いました。

銀行内での営業推進は、「リファイニングをやります」とプレス発表して、社内に通達を

2階。吹抜け上部にはトップライトが取られている

「北九州市立戸畑図書館」1階エントランスホールの天井スラブに穴を開け、吹抜けを設けた

出す。その直後に5億円、6億円くらいのプロジェクトに実際に融資するという事例がついて行けば「おお!」ということになります。しかし、現実はリファイニングの花火を打ち上げた後、最初の案件の融資ができなかったのです。そのお客様はマンションを5棟も6棟も持っている方で、その1棟をリファイニングしようということでした。その方はおじいさんの代からの一行取引で、あっちで修理、こっちで工事と融資を受けるたびにすべての物件に担保をつけていって、担保が10層くらいウエハースのように積み重なっていました。それは昔ながらの銀行のやり方で、何かやろうとしてもすべての物件がからんで、身動き取れない状態でした。これからのご時世、この物件に関する融資はこの物件と区分していかないと、どれか1棟を売却したいというときに簡単に売れなくなってしまいますよ、とお客様に説明して、「それはそうだよね」という了解を得ました。お客様は、取引銀行から古い建物はせいぜい15年と言われて、数億円の融資を15年で返済し切るのは大変だと困っていたのです。そこで、リファイニングした場合の耐用年数の意見書をつくって、りそな銀行で融資ができる体制まで整えました。しかし、相手の銀行は担保をそう簡単に外しません。たぶん過剰担保だと正面切って交渉すれば外すことができたのでしょうが、それをやると相手の銀行と喧嘩になります。お客様も板挟みになって、地元の金融機関と喧嘩するのはまずい、と言っている間に時間切れになりました。あれは私の大失敗です。

青木――その銀行もリファイニング建築に興味を持つのではないかと思ったのですが、支店長は面白がったけれど、本店の担当者は「こんなもんですか」という反応でした。

吉川――金融機関はお客様の資産をお預かりして、それを融資に回しますので、うっかり不

2階吹抜けより1階を見る

良債権を出すわけにはいきませんから、理解できないものには容易に手は出しません。それに、もし私が営業の現場にいたら、自分の営業成績につながらないことにかまっていられなかったかもしれません。

今回のケースは、リファイニング建築について、担当の執行役員が「面白いなあ」と言ってくれて、銀行のソリューション力として目を付けてくれたからできたのです。りそな銀行は商業銀行の中で信託業務を併設している唯一の銀行です。「りそな銀行は不動産業務に精通しています。例えば古いビルを再生して耐用年数をリセットするようなノウハウもあります。建て替えでもいいし、有効活用してもいい」とお客様に提案できれば、「りそな銀行はそんなノウハウも持っているんだね」と信頼していただき、銀行の話を聞いていただける。それは営業のツールになります。最初の案件の融資ができなかったとき、執行役員に「これは成果が上がらなくてもいいよ」と慰めてもらいましたが、それから3年間成果が上がらず、私はどれだけ辛かったか……。銀行員は実績を重視しますから、「リファイニングは今何件くらい案件があるんですか」と必ず聞かれて、「相手の銀行の事情で最初の案件ができなかった」と言うと、「ああ、そうですかあ……」という感じになる。そして「リファイニングと言っているけれど、案件ないらしいよ」「じゃあ、やめておこう」以上終わり、です。今、ようやく案件が順番に完成して、「ああ、できるんだ」と初めて支店にも認識されていっている感じです。

青木——吉川さんには言わなかったけれど、相当苦労していることはわかっていました。

吉川——私も先生に結構失礼なことを言いました。前の青木茂建築工房の事務所はすごい場所でね。

青木——「こんなところでやっているの？」と言われた。

吉川——事務所の前まで行って、気付かずに帰りましたもの。正直言って役員を連れて行くのをためらいました。で、言いましたよね、「もうちょっとましなところに引っ越して下さい」と。銀行が業務提携をするのは、上場クラス、あるいはそれに準ずるような会社です。何故かというと、銀行がお客さんにこういう会社がありますと紹介して、もしその会社がプロジェクトに失敗すると、法的に責任を負うかどうかは別としても銀行の信用問題になります。最初、青木先生の事務所と業務提携すると言ったとき、「それ、個人事務所だろ？　冗談やめろ」と言われました。「本社どこ？」と聞かれて、その当時は本社登記はまだ大分にあって、「大分？　銀行の支店すらないよ」と。大分は信託業務の営業エリアではあるのですが、福岡からするとそこそこ遠い。通常は銀行取引がしっかりあるところと提携しますが、当時、青木茂建築工房さんとは取引もありませんでした。青木茂建築工房さんとの業務提携は異例中の異例です。

リファイニング建築は青木先生だからできることで、似たようなことをやっている事務所もあるにはありますが、体系的に整理されていない。耐震補強をキチンとやって、壊れたところを修理して、設備も入れ替えて、40年、50年持つようにしますとホームページで謳っている工事屋さんは結構あります。でも、その中味がよく見えない。リファイニング建築のように体系的にきちんと整理されて、第三者が見てもそれを評価できるというかたちにはなっていません。唯一無二の技術です。

青木――だから、リファイニングの現場を公開するというのはすごく重要なんです。見学会をやって質問を受けることによって、ぼく自身も緊張するし、第三者の目を通すことで、オーナーが安心する。ぼくはリファイニング建築を普遍的にきちんとやることを意識してやってきたので、吉川さんはそれを汲んでくれたのだと思います。

ぼくにとっては日本建築学会賞をもらったことがひとつの縛りになったし、大学に呼んでもらったことも、銀行との提携も縛りになりました。ぼくとすると、そういう縛りによってリファイニング建築を深めることができたし、社会の信用とはどういうものかがわかるので、今はこの仕事はとてもじゃないけど受けられないと判断するケースもあります。そういう意味ではだいぶ洗練されてきたといえます。苦しい時代もありましたが、意識して正面突破でやってきたことが良かったと思います。自分では、ある程度全知全能でやろうと思っていますが、やはり支えてくれるスタッフがいて成り立つ仕事であり、自分で全部やっていたら、たぶんトラブルが起きる。周辺の力と、信用、それに法的なものが一体になることを意識的にやっていかないとなかなか難しいと思います。

私たちがいなくなってもリファイニング建築は残る

吉川――「家歴書」も重要ですし、それ以外に銀行としては検査済証がないとダメなんです。

私が銀行に入った頃は、建築確認を取らなければ違法建築ですが、検査済証がなくても融資にはあまり問題ありませんでした。ところが15年ほど前から、コンプライアンスの観点から、検査済証は建物が適法であることの証明書であり、法的な確証のないものは正式な担保にならないので融資できないという時代になりました。ですから、リファイニング建築も検査済証を必ず取ってください、とお願いしました。普通はなかなか取れません。

青木——法文を読み込んで、大規模な模様替えに当たる行為をすれば確認申請が出せて、検査に来てくれるということがわかったので、それをお金をかけずにやる方法をいろいろ考えました。法の解釈というのは事例をつくっていくほど、建築主事もいろんなことを考えてくれて、OKになる。それはやっていて面白いなと思いました。確認申請を下ろすのは主事の判断次第ですが、主事の責任範囲はあいまいです。民間の検査機関ができたので、役所でだめなものを民間に持って行くこともあるし、各自治体に条例があって、建築基準法に関する判断は主事がこれでいいと言えばOKです。

福岡で病院をリファイニングしたときに、不法増築部分があって、本当はそれを壊してもう一度つくらないといけないのですが、もったいないので、ちゃんと安全検証をして細部のチェックをやる、それでどうですか?と主事に相談したら、OKしてくれた。その話を国交省の人にしたら、「そういう主事がいいんだ」と言っていました。結局、法文が複雑なので、それをいちいち守っているだけでは結果的にストックの損失になる。建前上は首をかしげるところを、その主事が判断してくれたことは大きな一歩でした。そういう意味ではかなり先進的なことができたと思います。

吉川——平成26年に、検査済証のない建物について国交省がガイドラインを出しましたが、それまではそういう基準もなかったので、検査済証のない建物は現金で売買するしかありませんでした。融資が付かないか、付いたとしても他の担保のオマケというような位置づけでしかない。そんな中で検査済証のない建物をリファイニングしてもう一回検査済証を取り直すと言うと、みんな「えっ!?」と驚きます。役所が印鑑を押してくれるわけですから、リファイニングはここまでできるということの信用力のひとつになります。

青木——国交省の人がぼくの『建築再生へ——リファイン建築の「建築法規」正面突破作戦』（2010年、建築資料研究社）を読んでくれて、ああいうガイドラインを出したんです。やはり一歩一歩ですね。

吉川——銀行の役員から「これからこういうケースが増えてくるんだろうなあ」と言われました。そして「これが一般的になるのには10年、20年かかる。それくらいのタームでないと根づいていかないだろう。その時には俺たち、誰もいないな」と言っていました。逆に言えば、それだけのタームをターゲットに考えられるからこそ、リファイニング建築に取り組もうという気になったのです。リファイニングすればこれから50年もつ、私たちがいなくなっても建物は残ります。それは面白い部分であると思うのです。

青木——フランスでは、日本のような確認制度はなくて、リスクは保険会社が負うそうですね。リスクが大きい建物は保険料が高くなるが、リファイニング建築なら保険料が安くてすむでしょう。

❖早宮サンハイツ

所在地：東京都練馬区早宮1—3—13
主要用途：共同住宅
既存建物：
共同住宅／1977年竣工
（着工時築40年）
確認済証：有、検査済証：有、
設計図書：有、構造計算書：有
設計・監理：青木茂建築工房
構造：耐震構造エンジニアリング
施工：内野建設
構造／規模：鉄筋コンクリート造、一部鉄骨造／地上4階
設計期間：2015年5月〜2016年3月
工事期間：2016年6月〜2017年2月

吉川——保険で片付けるというのは欧米流の考え方ですね。実は3年ほど前、本部から、役所の方がリファイニング建築の融資の説明をして欲しいと言っているというので、霞ヶ関まで説明に行って来ました。リファイニング建築の耐用年数の意見書の作成の手順は、事前に1回目の調査、工事中に2回目の調査、全部仕上がってからきちんと必要な手順がすんでいるかを検査する。これは、建築確認を出して、中間検査があって、検査済証を出すという建築確認のステップを意識して枠組みをつくったのです。そして、「本来であれば、古い建物を再生させるためのきちっとした制度を国がつくっていただければ、建築物の再生も認知されるのですが」と申し上げました。役所の方は「国交省のやっていることは周回遅れになっていますね」とおっしゃいましたが、私は「周回遅れと言わず早く追いついてください、われわれはその先陣を切って手探りでやっています」と申し上げました。長い目で見たとき、国なり地方なりの制度として根づいて行かないと、本当の意味で建物を再生して使うというかたちにはならないと思うのです。

3回の検査ステップは時間もコストもそこそこかかる

早宮サンハイツ 2017 ← 1977

ニーズに合った間取り変更、EV新設によるバリアーフリー化、廊下側壁の壁厚を120㎜から150㎜に変更するなど居住性をアップした。塔屋、庇等を解体し、軽量化を図っている

し、何が面倒くさいといって、建設業者さんが嫌がるんですね。「家歴書」をつくるのにいちいち手を止めて写真を撮って、資料をつくるのにも手間暇がかかる。でも、それをやることによって信用力を担保することができる。どこかで手を抜くと、そこが後から突っ込み口になるので、これでよかったのかな、と思っています。役所の方にも、「りそな銀行は青木先生のリファイニングの工事、それからＥＲＩソリューションさんがつくった意見書、これに基づいて残存耐用年数50年と判断します」と言い切って来ました。スクラップアンドビルドをやっていられない時代がついに来たと感じていますし、リファイニング建築はこれからだと思います。

青木――先日の見学会には５００人来ました。デベロッパー、組織設計の人も来るし、自治体や国交省の人も来る。質問の内容も変わってきました。リファイニング建築の技術はすべて公開していますが、リファイニングにハウツーはないんです。地盤も違うし構造も違う、年数も用途も違いますから、ひとつ一つ解決していかなければなりません。でも、それは新築も同じですよね。それを楽しむか、楽しまないかの違いです。

ぼくは大分でリファイニング建築を始めて、みんなから仕事がドンドン来るんじゃないかと言われましたが、低迷の時期もあったので、焦らなくなりました。仕事がないのもチャンスかなと思って、勉強するとか、次のジャンプのため準備をすればいい。いつもネタを探して、何か考えついて面白いなと思ったら形にして、準備しておく。常に種を蒔くことをやらないと、あぐらをかいていたら直ぐ終わりです。ぼくたちの仕事は、時間を投資することが大事だと考えています。

（２０１７年９月６日、青木茂建築工房にて）

❖レスピール三鷹

所在地：東京都三鷹市下連雀2―21―19
主要用途：共同住宅（賃貸）
事業主体：レーサム
既存建物：
寄宿舎・共同住宅（賃貸）／１９７２年竣工（着工時築44年）
確認済証：有、検査済証：無、設計図書：有、構造計算書：無
設計・監理：青木茂建築工房
構造：九段建築研究所
施工：日本建設
構造／規模：鉄骨鉄筋コンクリート造／地上9階
設計期間：２０１６年1月〜6月
工事期間：２０１６年7月〜２０１７年3月

レスピール三鷹　2017 ← 1972

深尾精一

首都大学東京名誉教授

リファイニングのプロジェクトに対して常に正面から、法規についても正攻法で突破するやり方を徹底しているのが、ぼくにとっては有り難かった。
ぼくがお呼びした先生が
抜け道をやっているような建築家ではまずいわけです。

ふかお・せいいち
1949年生まれ。1971年東京大学工学部建築学科卒業。1976年同大学院工学系研究科建築学専攻博士課程修了。1977年東京都立大学（現・首都大学東京）助教授。1995年同大学教授。2005年首都大学東京都市環境学部教授、学部長補佐。2013年同大学名誉教授。
専門分野は建築構法計画。集合住宅の構法に関する研究、外周壁構法に関する研究、建築ストックの活用に関する研究など。2001年度日本建築学会賞論文賞「寸法調整におけるグリッドの機能に関する研究」

「ストック活用」という社会的課題に取り組む

─首都大学東京との出会い─

深尾──青木さんを最初に知ったのは、2000年にベルカ賞の審査で大分の「宇目町役場庁舎」(1999年、平成12年度第10回ベルカ賞「ベストリフォーム部門」受賞)を訪れたときでした。書類審査で概要は知っていましたが、実際に建物を拝見すると、ていねいにしっかりつくっているという印象を受け、造形力、構想力がすごいと思いました。

東京都は60年代に建設した都営住宅を大々的にリノベーションするスーパーリフォーム事業に1990年代末に着手し、そのあと建設省(現国土交通省)も全国の公営住宅のリノベーションに補助金を出すトータルリノベーション事業を始めました。ぼくは東京都とも国土交通省ともお付き合いがありましたし、大学でも集合住宅のストックをどうするかという課題に取り組んでいました。その後、東京大学の松村秀一先生が中心になって、これからはコンバージョンをやるべきだと建築家の難波和彦さんや石山修武さんたちと研究会を始め、ぼくもそ

ベルカ賞
長期にわたって適切な維持保全を実施したり、優れた改修を実施した既存建物のうち、特に優秀なものを選び、関係者を表彰する。

の仲間に加わりました。当時はコンバージョンという言葉もまだ一般的ではなく、用途転用の研究がようやく始まったところでした。青木さんは、世の中がストックをどうしたらよいかと動き始めた時代に先駆けて、「宇目町役場庁舎」でそれを実践されていたわけです。

首都大学東京について少しお話しますと、当時の石原慎太郎都知事が掲げた「まったく新しい大学をつくる」という公約のもと、東京都立大学・東京都立科学技術大学・東京都立保健科学大学・東京都立短期大学の都立4大学が再編・統合され、2005年に「首都大学東京」が誕生しました。

その少し前、2002年に文部科学省が「21世紀COEプログラム」という研究拠点形成等補助金事業を始めました。当時はまだ東京都立大学の時代ですが、うちの学科でもぼくがとりまとめ役になって、これからはストックの活用問題が出てくると考え、それをテーマに応募して、幸いにも採択されました（平成15年度）。年間数千万円という補助金がもらえることになり、当時でいう助手、今の特任助教やスタッフとして研究員を雇用できるようになり、研究スペースとして駅前のビルを借りました。

当時、大学内には強い研究分野をより強くしていこうという雰囲気がありました。首都大学東京は東京都のための大学だということで、都の都市問題をやるための「都市環境学部」をつくり、その中に建築と土木、地理、分子応用化学が入りました。建築学科をより強化するために特任教授を取ろうということになって、当時の学部長から「深尾さん、安藤忠雄みたいな人を取ってください」と言われました。ぼくは、今は21世紀COEプログラムで勝ち取った「巨大都市建築ストックの賦活・更新技術育成」というプロジェクトを集中してやっているが、それに最も相応しい人がいますと言ったのですが、そのときぼくの頭にあったのが青木さんでした。上野淳先生に相談したところ、青木さんだったらいいだろうということで、教室会議に諮り承認されました。

ちょうどその頃、CEOプログラムと併行して、指導教員3人のチームで2年間指導するという、プロジェクトベースの修士のコースをスタートさせていました。これはなかなか面白いコースで、例えば超高層ビルの今後を探るとかアジアの建築ストックの研究といった、既存の学問体系の分野ではない研究を行っていたのです。3人の指導教員のうちのひとりとして実務経験が豊富な青木先生に入っていただいたチームをつくって学生を募集したわけですが、それにもフィットしました。そういう意欲的な試みをいくつかやっている中に青木先生に来ていただいたわけです。

青木――ぼくが就任した戦略研究センター教授は学長直属の組織でした。当時の西澤潤一学長から最初に言われたのは「君は国際交流をやれ」ということでした。ぼくは英語はさっぱりなんですと言うと、「そんなことは関係ないから、やれ」と。ぼくは特任教授グループの幹事を務めていたので、原島文雄学長としょっちゅう打ち合わせで会っていたのですが、「今、こういうことをやっています」と報告すると、「面白いからドンドンやれ」と毎回ハッパを掛けられ、中国や台湾、タイ、韓国、カナダなどと大学間交流を行いましたが、それは面白い経験でした。そういう意味では未知のことに挑戦させていただいた、と感謝しています。ロンドンのAAスクールに行って、向こうの建築家と対談するのも面白かったし、タイのチュラーロンコーン大学から今も毎年学生が6人くらい来ますが、学生たちは勤勉で、教えていて楽しいのです。今、チュラーロンコーン大学が持っている国王が所有する建物をリファイニングしたい、できたら日本から投資してくれないか、という課題を投げかけられていますが、それも国際交流の一端になればと思っています。

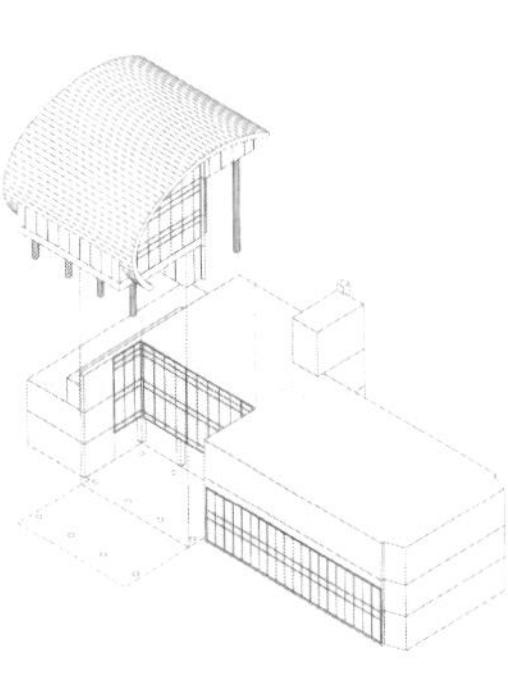

林業研修宿泊施設を町役場に改装。

既存の凹んだ部分にヴォールト状のスペースを組み込み、2階を多目的に使う大会議室に。町の顔をつくる

宇目町役場庁舎 1999 ← 1961

もうひとつ、いかに若い人を教育するかということにも眼を開かされました。それは自分の中で革命が起きたくらい刺激的なことで、自分の事務所のあり方についても見つめ直しました。企業はともすれば自らの技術を隠しがちですが、技術は広めないといけないと考えて、リファイニング建築についての出版活動も積極的に試みました。

大学での経験はぼくの視野を大きく広げてくれました。

リファイニング建築との格闘

青木――今から30年ほど前にリファイニング建築を始めたときは日々起こる問題にどう対処するかに集中していましたが、それは今も変わりません。最初の頃は建築法規とリファイニング建築の関係がスムーズにいかず、そこで考えたのは、役所から言われたことは全部やるということで、それが結果的にはよかったと思っています。施主には時間がかかりますがとにかくやりますと言って、徹底してやったことが、リファイニング建築の技術のストックになりました。当時のことは『建築再生へ――リファイン建築の「建築法規」正面突破作戦』という本にまとめましたが、これは役所と地道に交渉し、コツコツやってくれた事務所のスタッフの功績です。

リファイニングの対象になるような古い建物を見ると、ぼくが若い頃に経験したこと、中にはこれはまずいんじゃないかという経験もたくさんあります。それらの経験を踏まえて、時間がかかっても地道にやろう。クライアントを含めて徹底的に教育しよう、とスタートの

❖宇目町役場庁舎
所在地：大分県南海郡宇目町大字千束1075
主要用途：庁舎
事業主体：宇目町
既存建物：
林業研修宿泊施設（グリーンセンター）／1975年竣工（着工時築23年）
確認済証：不明、検査済証：不明、設計図書：有、構造計算書：無
設計・監理：青木茂建築工房
構造：新原設計
施工：梅林建設
構造／規模：鉄骨造、一部鉄筋コンクリート造／地上3階、地下1階
設計期間：1997年12月〜1998年3月
施工期間：1998年5月〜1999年3月

時から考えていました。

もうひとつ大事なことは、司令塔がブレないことです。建築はひとりではつくれませんから、たくさんの人がかかわって、それぞれの立場からいろんなことを言ってきますが、ダメなことは「それはダメだ」とはっきり言う。あいまいにすると流れてしまうので、嫌なことは先に言う。これはぼくの性格かも知れませんが、嫌われてもいいと思っています。そうした経験が少しずつ積み重なって技術的な蓄積になっていきました。今リファイニング建築でやっていることを、始めた頃にやれと言われてもできなかったと思います。

深尾——青木さんはリファイニングのプロジェクトに対して常に正面から、法規についても正攻法で突破するやり方を徹底しているのが、ぼくにとっては有り難かった。ぼくがお呼びした先生が抜け道をやっているような建築家ではまずいわけです。

建築はもともと個別解ですが、リノベーションはそれに輪をかけたような個別解であり、建築家の能力で決定的に決まってしまう。そういう意味では大学では教育しにくいし、既存の学問体系に納まりにくい。しかし世の中としてはとても必要なことで、それがプロジェクトベースでの研究にフィットしました。

青木——現在、リファイニングの個別の案件についてはある程度かたちができました。特にマンションなどのリファイニングに銀行が眼を付けてくれて融資制度ができたことは大きな前進でした。大学人という信用がなければ、もしかしたらそこまでできなかったかも知れないし、逆に言うと、だからこそ仕事上のミスをするわけにいかないという意識につながりました。

最近自治体から相談されるのは、ひとつの建物を再生しながら何かできないか、ということです。それはぼくにとっても面白い展開で、今後は複数の建築家が参加する仕組みをつくりたいと思っています。例えば、マンションなどで、耐震とファサード、設備はうちの事務所で設計し、インテリアは若手の建築家を集めてコンペをやる。そういうことがこれからのぼくの仕事ではないかと思っていて、それを拡大したことが地方都市でできないか、と考えています。

今、地方都市では古い建物を市に寄付するというケースがあり、それに民間の資金を入れて活性化する方法を考えれば、市にとっても、民間にとってもハッピーではないか。そうやって通りの建物をふたつか3つリファイニングする方法はないかと考えています。それはたぶん、ぼくが大学に来て、企業と知り合いになったことで可能になったことです。

深尾——でも、大学にいるとそういうことがなかなかできないのです。それはやはり青木さんの強みというか、実行力がすごい。

ぼくは公営住宅のリノベーションにかかわっているし、URのルネッサンス計画などにも今でもかかわっていますが、なかなか思うように動きません。彼らも一生懸命なのですが、いろいろ枠がはめられている中で進まないことが多いのです。青木さんにも東京都住宅供給公社のリファイニングのプロジェクトをやっていただきましたが、なかなか難しいでしょう？

青木——ひとつやって終わり、で続かないんです。

深尾――マーケットメカニズムが入っていないことが次につながらない理由のひとつですね。民間のマンションのリファイニングのほうがはるかに青木さんらしいことができている。

青木――この範囲だけをやれ、と言われるんですね。ぼくらからすると、こっちもあっちもこうやったらどうか、という提案をするのですが、それはまったくシャットアウトされる。それがお役所の限界だと思う。民間の知恵を使って、まちをどうするかという発想は持っているのだけれど、ギャップがあるというのか、すれ違っている。

お役所の担当者は同じポジションに2年しかいないというのも原因のひとつですね。そういう点では、民間は次の人がきちんと引き継いでやってくれます。

―これからの課題―

深尾――青木さんとは毎年のように集合住宅のリノベーションの調査で海外に行きました。２００９年にはオランダで行われた国際会議に併せて、この時は10日間くらい調査をしました。国際交流をするとき、理論や研究を伝えるにはよほどの語学力があるか英語で書いた良い論文がないと認めてもらえないけれど、実作があると強い。青木さんは、この建物をこうしちゃいましたと2枚の写真を見せただけで国際的に通用する。オランダで集合住宅のリノベーションをやっている建築家の事務所に行ったときも、青木さんの仕事に彼らは興味を持っていました。今でも彼らと会うと、「アオキはどうしている」と聞かれます。それは実

毎年のように海外視察へ

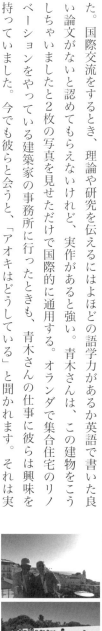

践していることの強みです。

青木さんはリファイニング建築に取り組むようになったきっかけとして、カルロ・スカルパの「カステルベッキオ」を見て衝撃を受けたという話をされるけれど、ルーブルだって王宮が美術館になっている。ヨーロッパではそういうコンバージョンを大昔からやってきているわけです。集合住宅に関してもオランダやドイツではすごく面白いことをやっています。ああいうことがなぜ日本ではできないのか。

青木——日本は地震があることと、耐久性の問題があると思います。日本のコンクリートはもともと脆弱です。石造をコンクリートに変えたのと、木造をコンクリートに変えたという発想の違いがあります。しかし、それは解決できない問題ではありません。それと法律の問題。リファイニングをするための手続きがややこしいのです。でも、ぼくはそれは悪いことではないと思うのです。安全が一番ですから。ただし、担当した主事によって解釈が違うのは問題です。もうひとつは建設業界の問題です。再生ということにまだアレルギーがあって、新築のほうがやりやすいという意識がある。頭ではわかっているけれど、やってみると時間がかかりますから。

深尾——ヨーロッパには面白い事例があるというけれど、それはやはり面白い事例なのであって、全部が全部面白いわけではありません。景気の良いときにやったプロジェクトには面白いものがあるが、リーマンショックみたいなことがあるとまったくだめになる。ヨーロッパではそういう波がものすごくありますが、日本は経済的な波があっても大手設計事務所はそのまま続いている。それはヨーロッパ的な感覚からすると不思議なことで、波がないから面白い仕事も出て来ないという気がしないでもありません。

青木——ヨーロッパの設計事務所は国内だけでなく、海外でも仕事をやっていますね。日本も今の30代はそうなっています。建築もボーダレスな時代になっているのですね。

ぼくも大学での活動を通じて海外とのつながりができましたから、次の世代が海外で仕事ができるように種を蒔いておこうと思っています。それが事務所を創業した者の務めかなと思っています。

（2017年8月18日、青木茂建築工房にて）

金箱温春

金箱構造設計事務所
工学院大学特別専任教授／東京工業大学特定教授

青木さんはもともとある立派な耐震壁を取るわけです。
その取ることの意味は、
それによって空間が変わる、機能が良くなる。
単に補強するのではなく、建築の価値を高めることと
補強を一緒にやっているというふうに理解しました。

かねばこ・よしはる
1953年生まれ／1975年東京工業大学工学部建築学科卒業／1977年同大学院修了。横山建築構造設計事務所入社／1992年金箱構造設計事務所設立／2008～13年東京工業大学特任教授／2011～15年日本建築構造技術者協会会長／2012年～工学院大学特別専任教授／2014年～東京工業大学特定教授

建築家と構造家の協働が再生建築の創造性を高める

─建築の価値を高める補強─

青木──金箱さんとは、「浜松サーラ」（2010年）のリファイニングを頼まれた時、これは普通の構造設計の考え方ではだめだと思い、お願いしたのが最初でした。それからずっとお付き合いしていただいていますが、簡単なものを頼むとおしかりを受けますので、なるべくややこしいものを頼んでいます。（笑）

金箱──ぼくはそれまでみかんぐみと一緒に耐震改修を結構やっていました。「上野ビル」（2007年、設計：みかんぐみ）をやっていたときに、これからは単なる補強ではダメだと思いました。耐震改修って、イメージが暗いんですね。多くの構造設計者は、耐震補強という言葉を聞くだけで元気が出ない。「人がつくったものだから、どうなっているかわからないし、創造性がない」という話をよく聞きます。クライアントからも「あのバッテンを付けるんですか？」と言われたこともあります。新築の建物でも、ブレース構造を提案すると「そんな耐震補強みたいな構造はやめてください」と言われるほど抵抗感があるようです。どうしたらそのイメージを払拭できるかを考えて、「上野ビル」では補強鉄骨フレームの形状を工夫して「くの字ブレース」にしました。それだけのことですが結構効果的なことがわかって、補強材のデザインを意識し始めたところに、青木さんから「浜松サーラ」の仕事を一緒にやろうと声がかかりました。

ぼくが耐震補強の重要性を意識するようになったのは、もともとは阪神淡路大震災がきっかけですが、21世紀に入って世の中が変わってきて、違う観点から重要性を認識するようになりました。今から10年くらい前、ある先輩が「耐震補強はあと10年か20年頑張れば終わる」と言っていました。何故かと言うと、1981年に新耐震基準が施行された時に建てられた建物は2020年で築40年になります。従来の感覚だと建物は40年か50年経つと建て替えるから、耐震改修の仕事はなくなる、というわけです。しかし環境問題等から、スクラップアンドビルドではなく古い建物を生かして使うという時代になり、補強・改修はますます重要になってきています。構造設計は1971年より前が第1期、1971年から81年までが第2期、81年以降が新耐震で、耐震設計の規定が違います。建物はそれぞれの時代の技術と知識に基づいて設計しているわけですが、耐震性能が不十分なものもある。建物によってどこが弱点かが違いますので、それを探りながら、補強・改修していくわけです。

「浜松サーラ」の耐震補強は画期的で、今でもよくできたな、と思います。勢いがあったという感じですね。単なる補強ではなく、床を撤去して吹抜けを設けたり大がかりなことをやっていて、青木さんはこういう改修をする建築家なのかなと思いました。耐震改修に対して構造的な立場でぼくがめざすものが、このあたりで決まったようなところがあります。

青木――ぼくは構造が好きなので、既存の建物を見た時に、こんなことができる、あんなことができるなと思うんです。それを書いたメモや簡単なスケッチを金箱さんに渡すと、極めて面白い答えが返ってくる。それをプランに落としてみて、例えばこの壁をこっちに移動できないだろうかと戻すと、金箱さんからまた意見が返ってくる。往復書簡のようにそれを繰り返すのは楽しい作業です。

金箱――「浜松サーラ」の場合は、まず建物の外周面で補強するという大きな方針を決めて、最初は補強部材をあちこちに散りばめていましたが、それがつながって鉄骨ブレースを斜めにずらし、建物にリボンを巻き付けるような補強としました。何が画期的かというと、普通は柱と梁の枠があり、そこにブレースを取り付けることになるわけですが、枠が一部なく、斜めになっているという不思議なことをやっており、力学的には難しいのですが、それがこの建物のデザインになっている。

1階の建物外部に補強ブレースが飛び出しているのも画期的なんです。

青木――あれにはビックリしました。「えっー!?」という感じでした。

金箱――1階にカフェをつくることになったので、補強材が降ろせなかったのです。

青木――プラン上、1階の壁面をオープンにしてくれとお願いしたんですね。クライアントの要望を聞いて、それに対してプランや使い方がどうなるかを考えて、それを金箱さんに伝え、また意見の投げ合いをする。そういうやり取りが協働の面白さです。

❖浜松サーラ

所在地：静岡県浜松市東区西塚町200
主要用途：店舗、集会場、事務所
既存建物：
事務所他／1981年竣工（着工時築29年）
確認済証：有、検査済証：有、
既存図面：有、構造計算書：無
設計・監理：青木茂建築工房
構造：金箱構造設計事務所
施工：鹿島・神野建設工事共同企業体
構造／規模：鉄骨鉄筋コンクリート造、一部鉄筋コンクリート造／地上7階、地下1階、塔屋1階
設計期間：2009年3月～12月
施工期間：2010年1月～10月

外周にスパイラル状に巡らしたブレース補強
と内部補強を組み合わせている

浜松サーラ 2010 ← 1981

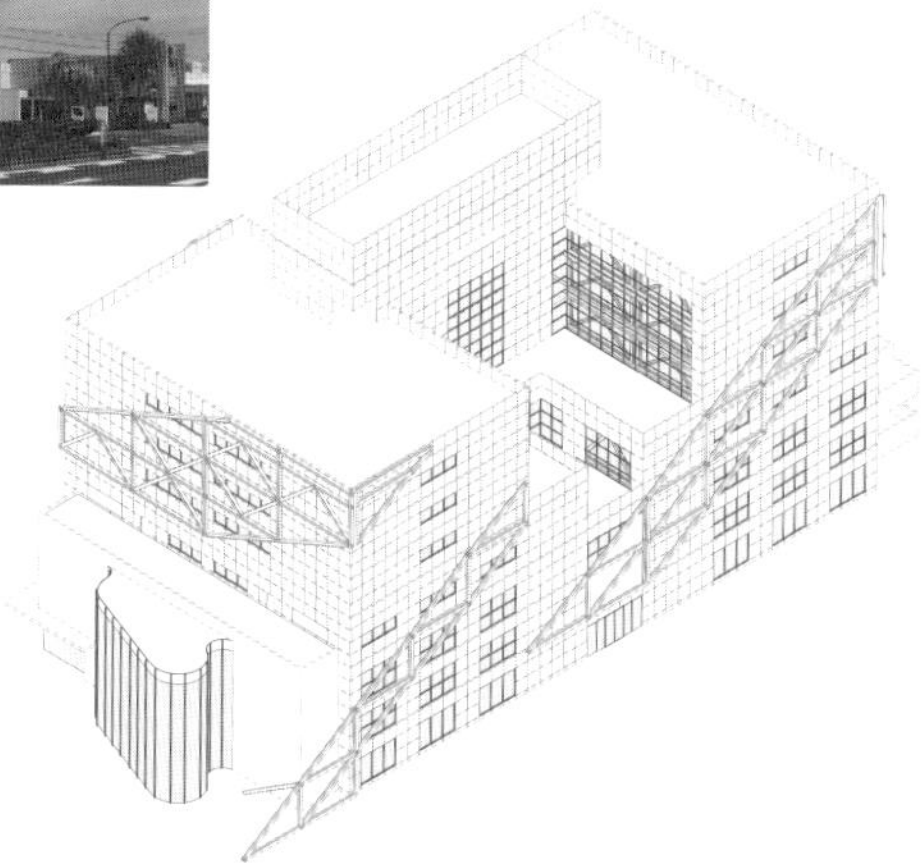

金箱――青木さんの改修に対する執念みたいなものを感じました。

「千駄ヶ谷 緑苑ハウス」（2014年）では、青木さんは既存の構造壁を取って、その分は他に新設すればいいという発想なんです。われわれが学んできた耐震補強では、腰壁とか垂れ壁とか、悪さをする壁は取ってもいいのですが、今ある建物に対して何かを付け足して補強するということが原則でした。ところが極端に言うと、青木さんはもともとある立派な耐震壁を取るわけです。その取ることの意味は、それによって空間が変わる、機能が良くなるということですね。単に補強するのではなく、建築の価値を高めることと補強を一緒にやっているというふうに理解しました。ぼくもそれには同感できるので、単なる補強と建物の価値を高める耐震改修との違いをいろいろなところで言っています。これから古い建物を遺していくには補強だけではダメで、機能も変えていかなければいけないし、デザイン性も高めなくてはいけない。それに対して構造デザインというとらえ方で何ができるのかを考える、構造設計者として補強・改修を前向きに一生懸命やっていこうと言っています。

青木――「千駄ヶ谷 緑苑ハウス」をあるデベロッパーが見に来て、ぼくのリファイニング建築と他の人がやった耐震補強と何が違うのか、と聞かれたことがあります。ぼくが「ここでどこを耐震補強したかわかりますか？」と聞くと、「わかりません」と言うので、「そこがぼくの技術なんです」と言いました。「ふーん」とわかったような、わからないような顔をしていました。それでぼくは工事の途中で解体が終わり補強がほぼ完成した時点で中間見学会をやっているのです。解体して、こういうことをやっていますということを示して、オーナーに安心してもらうと同時に技術の公開を図っています。

❖千駄ヶ谷 緑苑ハウス
所在地：東京都渋谷区千駄ヶ谷5−1−9
主要用途：共同住宅（分譲）＋事務所
既存建物：
　共同住宅（賃貸）／1970年竣工（着工時築42年）
　確認済証：有、検査済証：有、既存図面：有、構造計算書：無
設計・監理：青木茂建築工房
構造：金箱構造設計事務所
施工：山田建設
構造／規模：鉄筋コンクリート造／地上7階、塔屋2階
設計期間：2013年5月
施工期間：2012年11月〜2013年6月〜2014年3月

千駄ヶ谷 緑苑ハウス 2014 ← 1970

開口部を大きくしたり、ベランダを改修するなど、現代のニーズに合わせたプラン・意匠にリファイニングした

工事中の様子。増設壁や増し打ち壁、開口閉鎖により補強

アーキテクトとエンジニアのやりとりが醍醐味

金箱――補強には、青木さんがやっているような、既存建物を見違えるように変える補強と、雰囲気を変えない補強の2種類ありますが、そのどちらでもない、ただ付けるという補強がだめなんです。何か付けるのであれば、それがちゃんと意味を持ってデザインに参加するようにする、そうでないならば徹底的に目立たないようにする。

　青木さんやみかんぐみ、アトリエブンク、仙田満さんなど、いろいろな建築家と改修設計をやっていますが、ぼくはそれぞれの補強方法にキーワードを付けています。「分散型の方杖補強」とか、もともとあった建物の外側に新しい建物をつくって補強する「加える改修」、RC躯体の中央部分を撤去してガラスの屋根を架けてアトリウムとして重量を減らした「減らす改修」というのもあります。目立たない補強としては、「置きかえる（置換による）補強」とか「添える補強」。「浜松サーラ」は、これだけちょっと変わっているのですが「スパイラル・ブレースド・ベルト」というキーワード。そうやって改修に対する構造的なキーワード、デザイン手法がいろいろ蓄積できれば耐震改修の構造デザインの世界が築けるのではないかと思うようになりました。

「北九州市立戸畑図書館」（2014年）は、庁舎を図書館にしたわけですが、青木さんの最初の案は、鉄板でできた円筒形の書架をふたつつくって、それを耐震要素にして地震力を負担させようとしていました。しかし、構造的には実現困難な案でした。何故かというと、スラブが薄く、地盤もすごく弱いため、耐震補強は分散する手法とするしかありませんでした。例えば2カ所に強い補強部材を設けると、そこに力を伝えていくためのスラブの強度が必要

既存建物は戸畑市役所、旧北九州市本庁舎、戸畑区役所として使われてきた

「北九州市立戸畑図書館」
鉄骨フレームで耐震補強、2階の床を一部撤去し、吹抜けを設けるなど、大胆な改修をしている

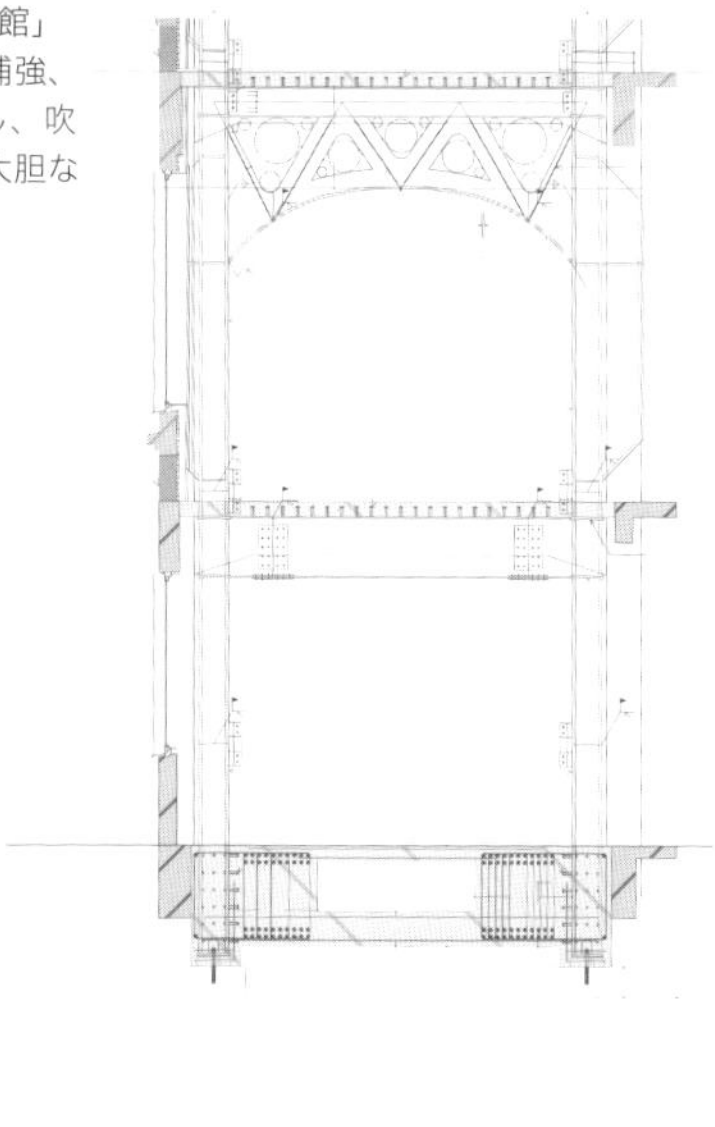

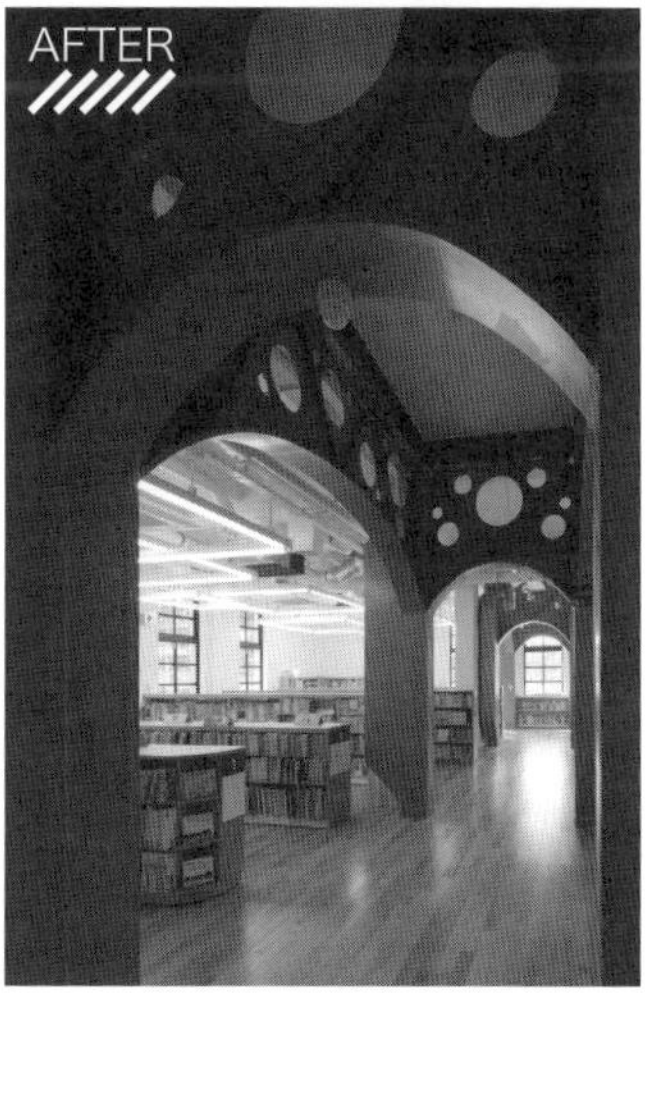

ですが、既存建物のスラブは10センチメートルしかありませんでした。また補強を2カ所に集中すると、そこの基礎に大きな負荷がかかるため、補強部材の下部に杭を設けなければいけないという問題が出てくる。どう考えても全体的に均等に補強する必要があり、鉄骨フレームで補強することにしました。ところがそこから青木さんが大変だったのですが、クライアントは鉄骨フレームを設置すると廊下が狭くなって通れなくなる、と言うわけです。フレームはブレースに比べると弱いので、なるべく強く大断面の部材としたい。そこでフレームの柱は平面をL型にしました。そうすると強度や剛性は大きく、廊下の幅を狭めることは最小限となる。さらに、この建物は階高が高いので、柱をあまり長くしないために梁の端部でハンチを設けるような計画が必要でした。梁下の寸法が必要で、梁の形状は何でもいいと言ったら、青木さんがアーチにしよう、と。青木さんがアーチ架構による補強というキャッチフレーズを使うようになって、みんなが誤解してアーチが強いと思っていますが、アーチは上からかかる力には強いけれど、横からかかる力については力学的な意味はありません。柱を短くすることが重要であって、梁せいが大きくなるのでウェブの座屈防止に三角配置のリブを設けることも重要でした。この条件を満たせば、あとは梁に自由に穴を開けていいですよ、と言ったのです。完成したら、関係者も市民もみんなが立派なアーチですね、と。（笑）こんな厳ついフレームをつくって、と言われるのではないかと気になっていたのですが、地元の人は自分たちは鉄の街だという誇りがあるからか、みんな喜んでいました。

「戸畑図書館」は現場がつらかったですね。解体工事が始まってみたら、元の躯体が思っていた以上に悪かった。

青木——仕上げを剥ぐと漆喰にコンクリートがくっついてくるんです。軸力が全然足りない

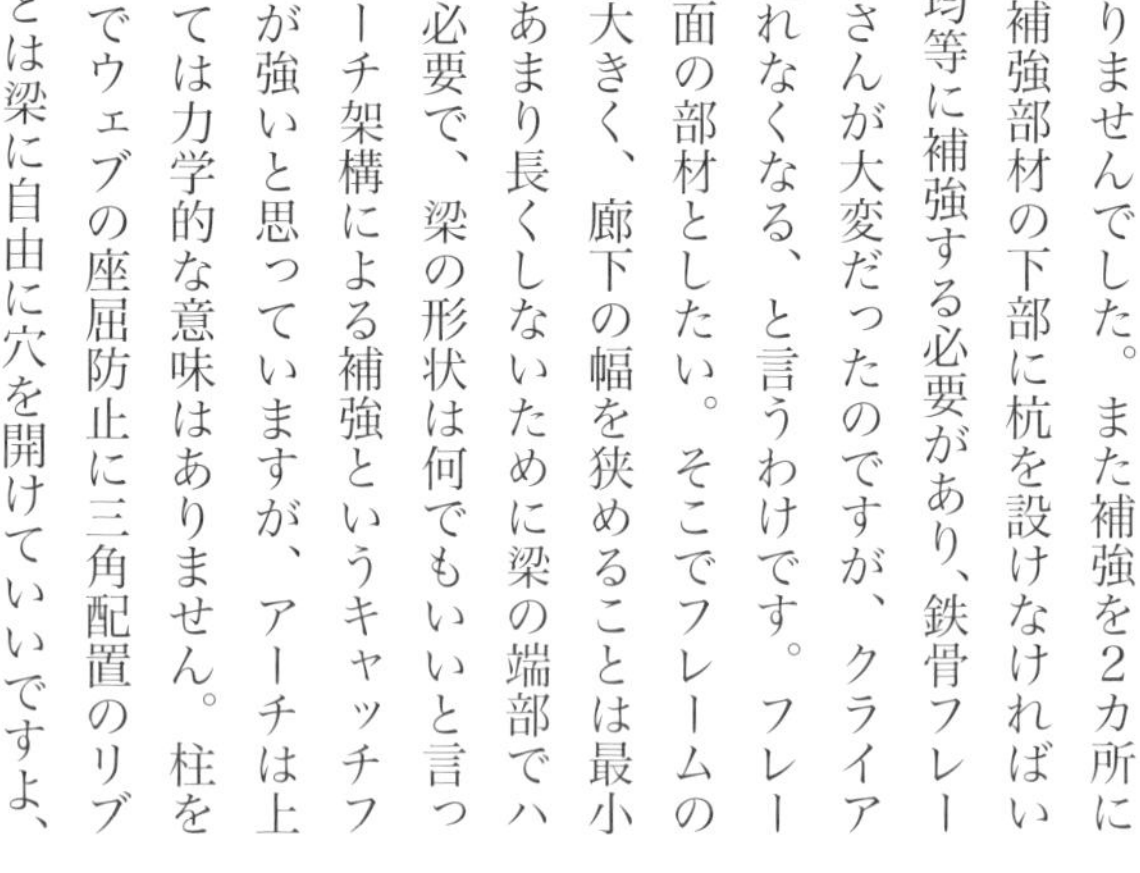

柱平面をＬ型とした鉄骨フレーム

ことがわかって、補修が大変でした。それを確認するために現場に何度も行きました。

金箱——そこが新築と違うところですね。

青木——「戸畑図書館」では外観を残すことが大前提でした。内部も天井のレリーフなどを残したいなと思ったのですが、総工費の予算を見ると、とてもじゃないけれど諦めたほうがいいと思いました。あれは自分でも良い判断だったと思います。そういうある種の割り切りも必要だと思います。

金箱さんがアーチフレームの案を出してくれて、梁内の三角のリブだけ守ればあとは好きにして良いというので、梁に穴を開けてデザインしました。金箱さんの脳みその中を見ながら、自分の脳みそをさらけ出すのはすごく面白くて、やっていて楽しい作業でした。

こんなことができないだろうかと構造家に言っても反応がなくて、痒い所に手が届かないという感じがすることがありますが、金箱さんは痒い所をしっかりかいてくれて、なおかつ傷があるところにクリームを塗ってくれる。リファイニング建築は構造家と建築家がお互いを尊重し合うということが重要ですね。

—建築をつくる誇り—

金箱——構造設計においてリファイニング建築と新築は違うかというと、ぼくはあまり違わ

デザインされたアーチフレーム

ないと思います。構造体がデザインにそのまま表れる建築とそうでない建築がありますが、リファイニング建築も同じで、「浜松サーラ」は補強材がデザインに出ているが、「千駄ヶ谷緑苑ハウス」は基本的にコンクリートの補強・補修でやっているから、出来上がると補強も元の構造も見えない。新築の建物でも構造体がデザインされる建物と構造体が見えない建築があります。どちらが楽しいですかと聞かれることがよくありますが、どちらもやっていて楽しい。再生建築でも建築家と構造家の関係は同じで、構造家が前向きの意識を持てるかどうかなんです。再生建築に踏み出す構造家がなかなかいないのは、大変さを超えたところの再生建築の魅力がなかなか感じにくいからではないでしょうか。

青木――特に現場は予測しなかった問題が出て来るし、そのたびに構造家に対処をお願いしなければならない。クライアントもなかなか理解できなくて、心配になるとすぐに来いと言う。だから時間と手間が取られるということはあります。

金箱――改修してより良いものにしようとすると、耐震補強以上のことを考えなくてはなりませんが、その余分なことを考えるモチベーションは、いろいろなことを経験して、完成して「良かったなあ」と思うことの積み重ねです。

青木――「豊橋商工会議所」(2014年)も事務所を使用しながら工事をする「使いながら施工」でした。

金箱――外付けブレースの「バッテン」がだめなら、枠の中にダイア形を入れようかと前か

❖豊橋商工会議所
所在地:愛知県豊橋市花田町字石塚42-1
主要用途:会館(会議室・事務室)
既存建物:
　会館/1967年竣工(着工時築47年)
確認済証:有、検査済証:有、
　既存図面:有、構造計算書:無
設計・監理:青木茂建築工房
構造:金箱構造設計事務所
施工:豊橋建設工業
構造/規模:鉄筋コンクリート造/地上7階、塔屋2階
設計期間:2012年11月~2013年9月
施工期間:2013年9月~2014年3月

豊橋商工会議所 2014 ← 1968

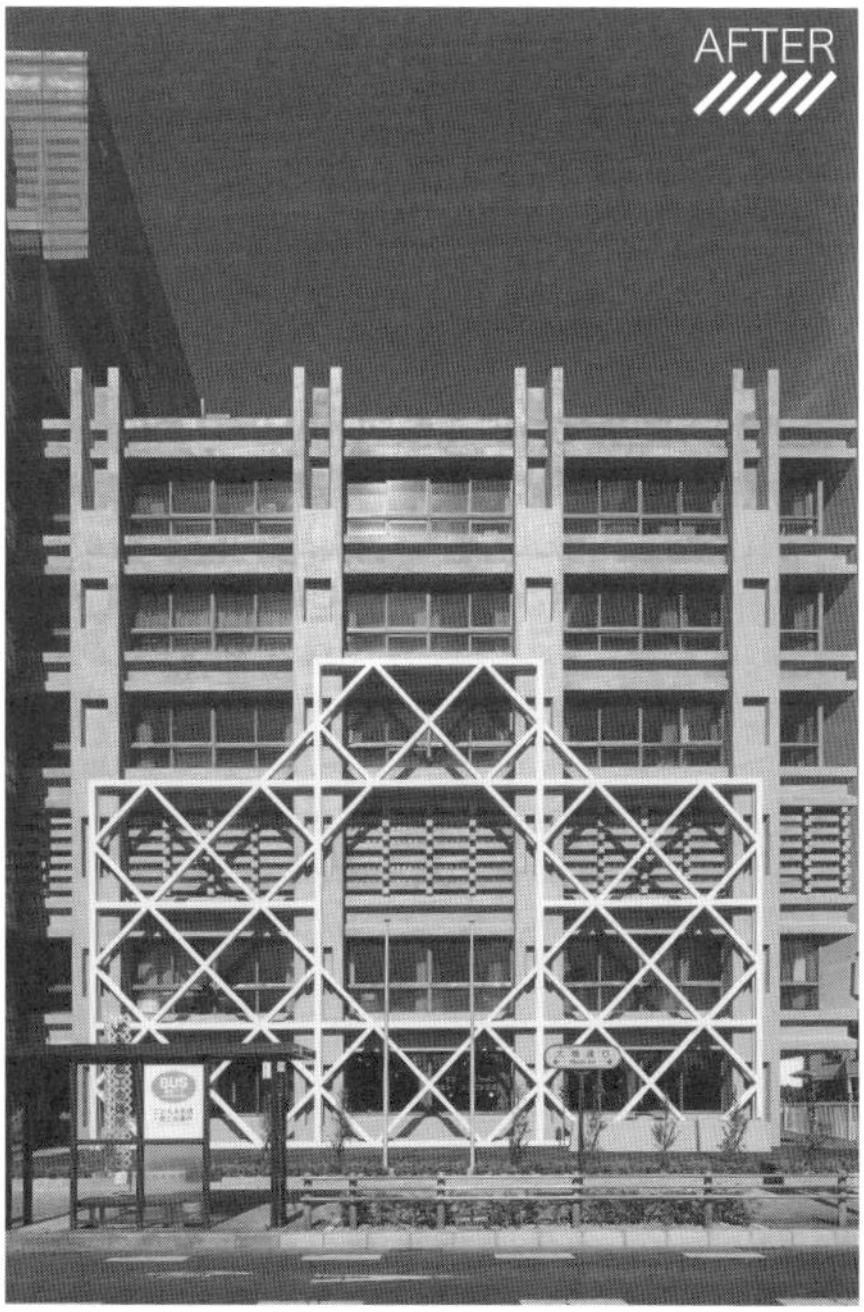

鉄骨補強を施した本館ファサード。軽量化を図るために既存建物のコンクリート製の庇を解体した

右がリファイニングの対象となった本館、左は 1993 年竣工の新館（鉄骨造）

ら考えていました。構造的には意味が無い部材があるのですが、その部材がないと間が抜けるんです。実は「浜松サーラ」でも同じように飾りの部材があるのですが、それの応用です。ひとつのプロジェクトはそれで完結するのではなくて、その時の考え方を次のプロジェクトに持ってくるということがあります。

「豊橋商工会議所」も補強のアイデアが決まるまでに苦労しました。だいたい世の中の大きなビルは建築事務所やゼネコンなどが耐震診断をやっていて、彼らなりに改修案を出していいます。補強だけを考えたら建物内部であろうと柱、梁に囲まれるフレームに壁をつくるのが一番経済的だという案がだいたいあるんです。だけど、それでは建物として使いにくいものになるから、機能もデザインも満たす案、つまり別案を考えるということから始まるわけで、普遍的ではない案を探すようなものです。

青木——見学会や講演で、よく、マニュアルをつくってくれと言われるのですが、マニュアルはないんです。やっぱり個別解決です。

金箱——ひとつ一つやるしかない。

青木——今われわれが新築でつくった建物が40年後にどうなるかと言えば、もしかしたら今と同じような状況になるかも知れない。そのためにも「家歴書」をつくっているんです。「家歴書」を開いてもらえば、40年後に再生する時に一歩進むと思う。先は見通せないけれど、そのためになることをしておきたい。

昔の木造住宅を見に行くと、本当にていねいな仕事をした住宅とそうではないものと、もろに違いますよね。ていねいな人の仕事を見ると、会ったことのない人だけれど、尊敬するじゃないですか。それはわれわれ建築をつくっている者のひとつの誇りだと思う。

金箱——改修について、いろいろ新しい技術が出てきていますね。大手ゼネコンは結構改修工事をやっていて、そのための技術開発もしていますが、特許を取っていて、その技術が普通に使えない。開発するにはそれなりに費用がかかっているから、それに対価を払うという考え方ももちろんありますが、ぼくらは自分たちで実験できないから、普遍的な工法の中から選んで、それをどういう組み合わせでやるかというやり方でしか勝負できない。

青木——逆に考えると、今ある技術でどれだけのことができるか、というほうがぼくは価値があると思ったんです。あまり特殊なものを考えるよりは、今われわれが手にできる方法でどうやるかというほうが、普遍性があって、ボトムアップできるのではないか。

金箱——それは確かにそうですね。われわれがやっていることは誰でも使える技術でやっていますから、それを見てそれぞれがもっと工夫すればいい。

青木——今、「真庭市中央図書館」でやっていることは、「戸畑図書館」でやった時のアイデアが頭の中で発展したものです。初期に考えたアイデアや実現できなかったことが、新しい現場で浮かんでくる。

金箱——解決方法とか技術の応用がひとつのプロジェクトで完結するのではなくて、それが別のプロジェクトにつながる。場合によっては別の建築家とのプロジェクトにもつながりを見出すことができるのは、構造設計者の特権ですね。

「真庭市中央図書館」でも壁や床を抜いていますが、耐震判定委員会に持っていって説明した時、「えっー、耐震壁取るんですか?」「こんなに大胆に軀体を変えるんですか!?」と言われました。

青木——どうも、ぼくの常識は人から見たら非常識らしい。(笑)

構造家も街にでよう!

青木——あるプロジェクトで、耐震補強はこういうことをきちんとやらないとダメですよ、と言ったら、法律上問題ないから余計なことをしなくていい、と言われたことがあるのですが、ぼくは、再生建築は法律を超えたことをやらないとやばいと思っているんです。法文には書かれていない、それを超えたことをどうやるかが再生建築の醍醐味であって、法律がいいと言っている範囲で十分、というのは再生建築をよくわかっていないのだと思います。これまで時代が許したことが、許されなくなっている今、それを超えたことをどうやるかを考えないと、未来につながりません。

金箱——最近では、Is値という数字や、それが0・6以上であれば安全ということを耐震改修にかかわる多くの人は知っているけれど、0・6あれば倒壊を防げるだけで、万全の安心ではないのです。そのことをちゃんと伝えたいな、と思っています。

青木――ぼくはクライアントに、リファイニング建築は構造設計者にややこしいことを頼むし、現場の状況やより良くするために何度も検討をお願いすることも多いんですよ、と説明します。そうすると最近はクライアントも構造設計料について納得してくれるようになりました。

金箱――クライアントがちゃんと理解して費用を出してくれることが重要で、そのためには構造設計者もあるタイミングでクライアントに会って、こういう人間が構造設計をやっているんです、ということもやるべきですね。

ぼくの構造設計の先生は横山不学さんと木村俊彦さんで、お二人からは構造設計に対する考え方や構造設計者としての生き方を学びましたが、お二人はどちらかというと新築が対象です。耐震改修は1977年に確立された技術であり、それに関してぼくには先生はいません。自分で学びながらやっていくうちに、やっている人が少ない分野であるならば、逆にやる価値があるなと思いました。

これから世の中がどういうふうに動いていくかわかりませんが、われわれのような専業事務所の立ち位置がどうなるか、ということを常に気にかけています。ぼくが30代くらいの頃に、伊東豊雄さんや坂本一成さんなど、それまで住宅が中心だった建築家がいっせいに規模の大きな公共建築をやるようになり、専業の構造事務所もそれに引っ張られてきました。構造設計界は20年くらい前までは役割分担がはっきりしていて、アトリエ系の構造事務所はアイデアで新しいことをやる。ゼネコンは技術力で施工性に優れた建物を堅実につくる。組織事務所の人はデザインも構造もバランスよくつくるという時代でした。ところが今、組織事務所やゼネコンの構造設計者はかなりチャレンジャブルなことをやっていて、むしろ彼らのほうがいろいろなことをやりやすい環境になっています。そうすると、われわれのような専業事務所は一体どういう存在価値を持つのか。これは大きな課題です。

ぼくは、構造設計者もクライアントに会うべきであるとよく言っているのですが、実は新築の場合、そういう機会はそんなにありません。でも、改修設計は施主に会う機会が間違いなく多いのです。補強が必要な建物は、このままだと自分の建物は地震の際に倒れる恐れがあるという状況なので、クライアントはデザインも大事だが構造にも関心が高く、意外とクライアントに会う機会があります。そこは新築とちょっと違うところで、本当はそのほうが世の中に構造設計者とはどういう人たちかを理解してもらえると思う。ただし、専門的な難しいことをわかり易く説明するという技術が構造設計者に求められるようになります。そのことは新築の場合も同じで、クライアントに会って構造の説明をして、性能を上げるためにはこんな方法がありますという説明が必要な時代です。そういうふうに社会との結びつきができると、構造設計者のやり甲斐にもつながるのではないかと思っています。

（２０１７年12月22日、青木茂建築工房にて）

田村誠邦

明治大学特任教授・アークブレイン

しっかり技術的におさえることと、
夢を与えるようなデザイン……、
建築再生において設計の力というのは
ものすごく大事なことだと思います。

たむら・まさくに
1977年東京大学工学部建築学科卒業。三井建設入社／1986年シグマ開発研究所／1990年同社取締役／1997年アークブレイン設立。同社代表取締役

ストック時代に求められる建築と建築産業のあり方とは？

―建築再生が社会的信頼を得るためには？―

田村――これまで、古くなったり傷んだりした建物は取り壊して新築するのが一般的でしたが、既存建物を再生して使い続けるように消費者の意識を変えていくためには、どんなことがポイントになるでしょうか？

青木――ぼくがリファイニング建築を始めて30年になります。手法をほぼ確立してからほぼ20年ですが、最初はほとんど相手にしてもらえませんでした。リファイニング建築は、既存建物を解体する時間も短いし、新しく軀体をつくる必要がありませんから、スクラップアンドビルドに比べて工期は約半分。また、一般的に建設費用は軀体と仕上げ、設備がそれぞれ3分の1ですから、リファイニング建築はコストが3割安くなる。そのうえ環境に良い、と説明するのですが、「良いことばかりでおかしいじゃないか」と言われたことがあります。欠点がないのは信用できないと言われて、ずいぶん仕事を断られました。仕事が成立するのは10件に1件くらい、確率1割でした。転機になったのは、ひとつは日本建築学会賞を受賞して、世間の眼が少し違ってきました。2点目は学術的に認められるようになり、大学に入ったことで、大学の信用で変わってきました。

ぼくは、古くなった建物を壊すと大変な労力が必要だから、これからはリファイニング建築だということをちゃんと伝えるために、ひとつは講演をする、本を出す、そして賞をもらうことで世間に知ってもらうことが必要だと最初から考えていました。若い建築家に言うのですが、仕事が欲しかったら賞をもらって、本を書いて、講演しろと。ぼくはそれを毎年繰り返しやっています。

もうひとつのきっかけは、三田に4階建ての小さな古いビルを買ってリファイニングし、今そこに住んでいるのですが（「YS BLD.」、2011年）、モデルハウスとして成功しているのではないかと思います。借金を返すために1、2階は賃貸、3、4階が自宅で、小なりといえども一応事業をやっているわけです。つまり、自分自身で見本を示さないと世間の方々からは信頼していただけないのではないかと、この30年を振り返って思います。

田村――大変参考になりますが、なかなか真似のできない話かなあ、とも思います。

建築には寿命がありますね。よく、「これを耐震改修したら、あと何年もちますか？」と聞かれるのですが、そういうとき、青木先生はどう答えますか？

青木――りそな銀行の不動産部で100人ほどの銀行員に1時間ほど講演した後、「質問あ

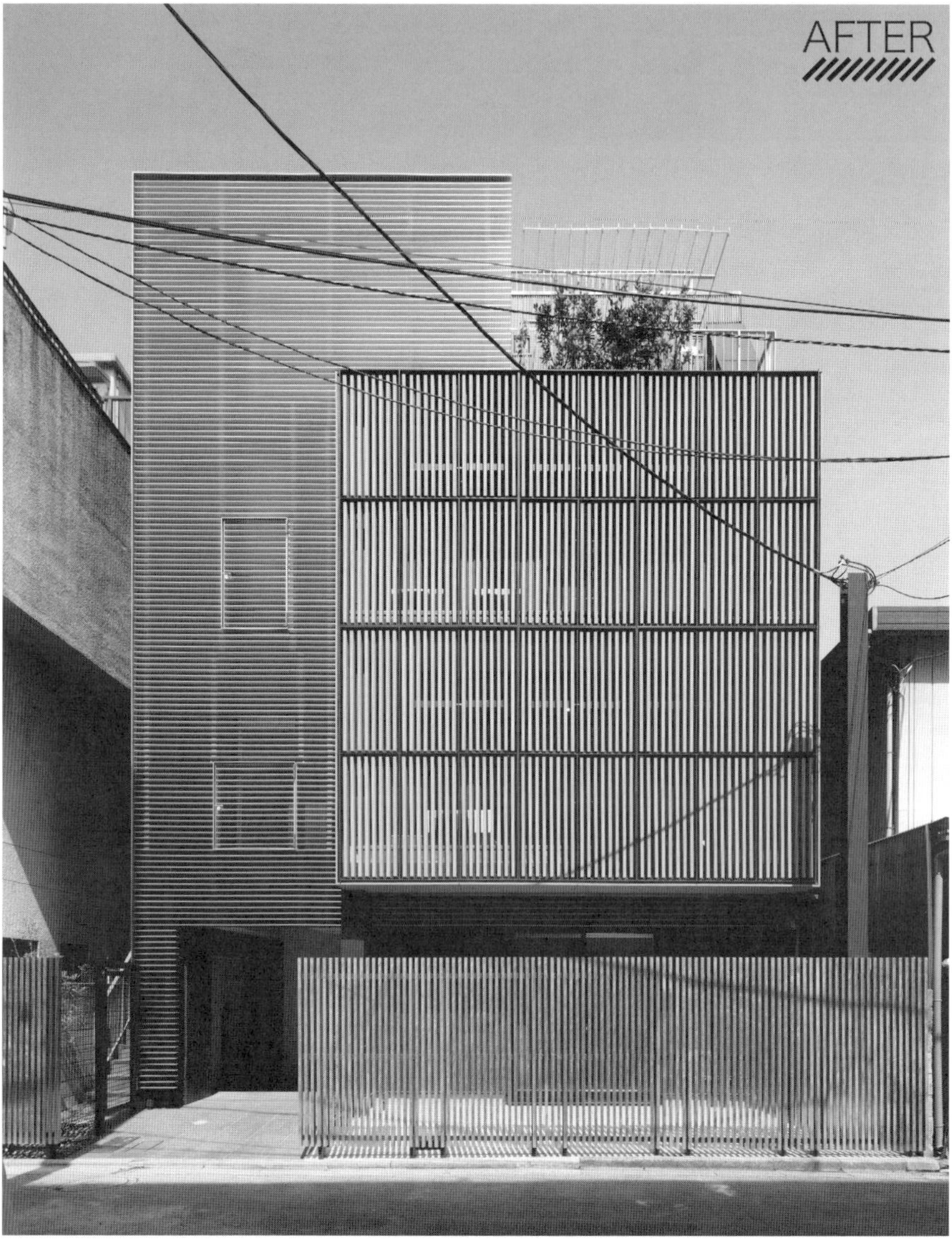

東側外観

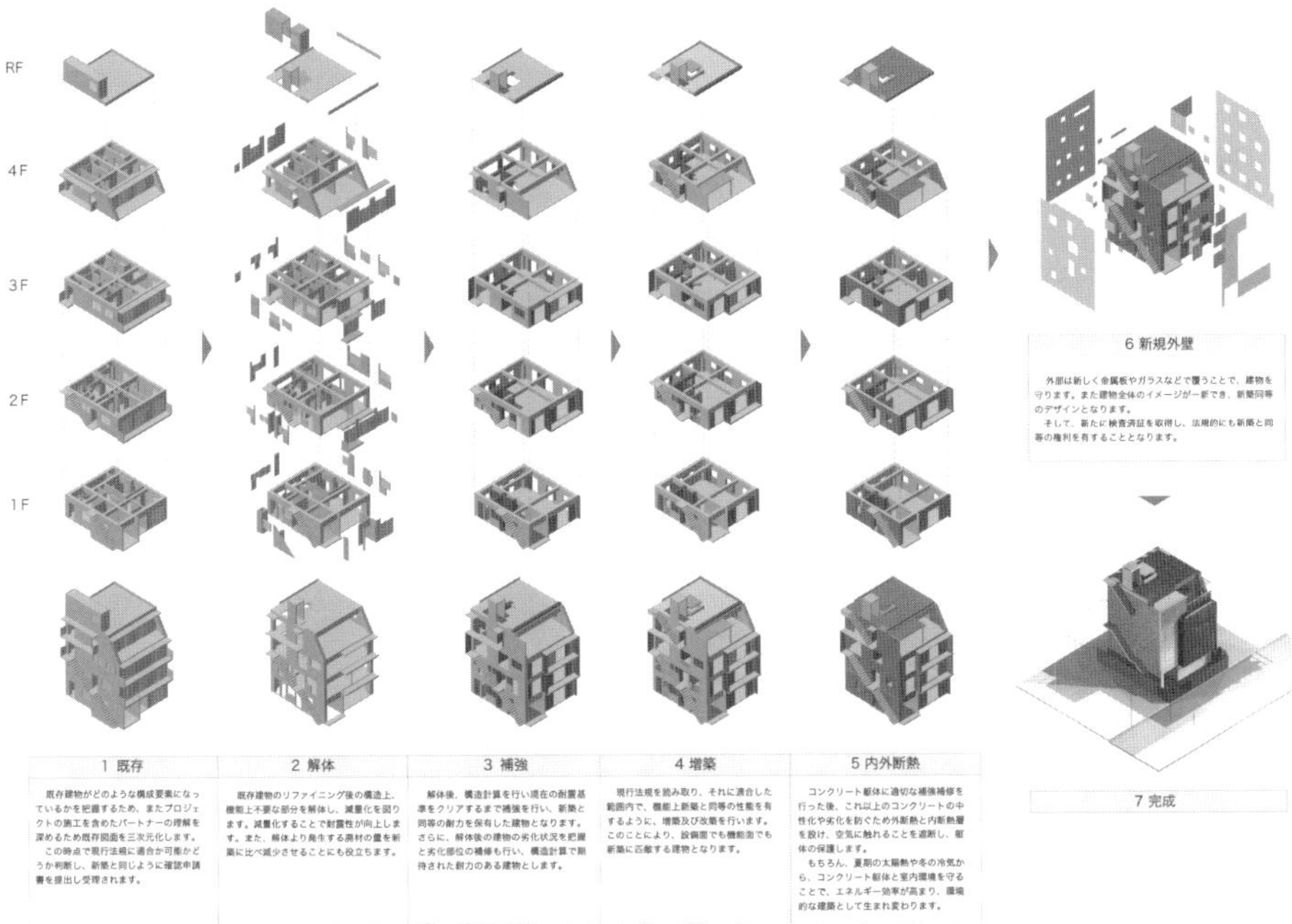

リファイニングのダイアグラム

既存建物の設計図書等が一切なかったため、基礎を含む軀体の調査を行い、構造図・意匠図を復元。この復元図を基にして耐震壁を設置した。3、4階を一部吹抜けとしてエレベータシャフトを新設。コンクリートのシャフトは耐震要素でもある

4階。階段よりベランダ方向を見る

りますか」と聞いたら、「ありません」と言うので、「皆さん、ぼくの建築手法に納得してもらえたんですね、だったら、次から融資してくださいね」と言ったら、一瞬シーンとなり、それから質問詰めでした。そこでスイッチが入ったんですね。結論は、金融庁が「うん」と言わないと金融商品にならないというので、担当の方と約1年半かけて議論しました。ぼくがやっているのは、古い建物の確認申請を出して、検査済証を取る。このふたつのことによって法律的に新築と同等になるのです。これは非常に重要なことで、それがないとなかなか難しいと思います。それから「家歴書」といって、工事の記録を全部取っています。法律的なことと、実際にやった記録でブリッジがかかって、安全だということが認められました。もう1点は、リファイニング建築の耐用年数を証明して欲しいと言われました。コンクリートは中性化すると水が浸透して鉄筋に到達し、鉄筋が錆びると膨張してコンクリートを破壊する。これがコンクリートの寿命です。それをジャッジしようということで、試行錯誤を始めたのです。築30年で、被りが4センチメートルの場合、何ミリメートル錆びるか、そういう調査を何通りかやって、第三者機関に頼んでジャッジしてもらう。それを銀行が金融庁に持っていって、説明したらOKしてくれた。つまり国家が認めてくれたわけです。それによってリファイニング建築の寿命が測れるようになりました。

今、大田区でリファイニングをやっている建物は、中性化自体を止めるのは非常に困難だったので、鉄筋に皮膜をつくって錆びさせないようにしました。それによって一応寿命が測定できて、銀行が融資してくれればOKですから、これでほぼ確立したのかな、と考えています。

田村――既存建物を調査し、何百カ所も補強していく過程と結果の履歴を記録して実証的に積み重ねていく。そして確認申請といった法的な手続きをきちんとすることで、発注する側

4階ベランダ

玄関より DK・和室を見る

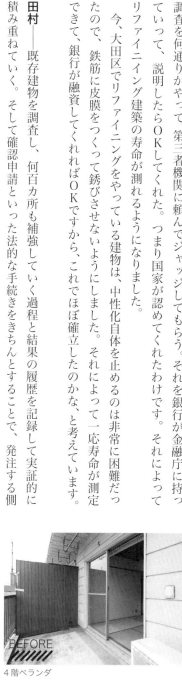

「YS BLD.」4階リビング

4階。キッチンよりベランダを見る

の安心感と社会的な安心感を得るということですね。

青木——よく言うのですが、妻や子が安心して住めるように自分の家を設計するように、第三者から頼まれた家も自分の母親が住む家だと思ってつくればいい。ぼくはリファイニング建築でも、肉親のための住宅をつくるような技法を制度化する、あるいはデータ化して積み重ねてきました。一般的に古い建物を再生する場合、そこに甘いところがあるのではないかな、と思います。

田村——なかなか耳の痛い話ですが、古い建物、特に検査済証がないとか、下手をすると図面もなくて、どうつくったかわからない建物を再生するとなると、まず既存不適格を証明するところから始めて、いくつかのプロセスを経なくてはならない。それが面倒だと、取りあえず確認申請が要らない範囲でやろうということで100平方メートル以内で用途変更したり、場合によっては無届けでやったり、というようなことが横行しています。それでは社会的な安心感や信用につながらない。

青木——建築再生は事前の調査が大変で、図面を見て当たりを付けて調査するわけですが、実際に見ると図面と違う場合が多いんです。仙台で東日本大震災で被災した建物のリファイニングをした事例では、クライアントのお父さんが設計した建物だったので誠に恐縮なのですが、実は震災よりもそれをつくった時の施工がものすごく悪かった。それで非常に苦労しました。また、北九州市の旧戸畑区役所を図書館にリファイニングした事例では、仕上げをはぐってみるとコンクリートがすごく弱くて、漆喰を取っていくとコンクリートが付いていい

❖YS BLD.
所在地：東京都港区三田
主要用途：共同住宅（賃貸）
既存建物：
共同住宅／1972年竣工
（着工時築40年）
確認済証：有、検査済証：無、
設計図書：無、構造計算書：無
設計・監理：青木茂建築工房
構造：軽石実一級建築士事務所
施工：さとうベネック
構造／規模：鉄筋コンクリート造、一部鉄骨造／地上4階、地下1階、塔屋1階
設計期間：2010年1月〜7月
施工期間：2010年8月〜2011年2月

くんです。それで補修に工事費の10パーセント、約1億円くらいかかりました。初期段階の調査で、だいたいこのくらいの費用がかかると言って、予備費を取っておくのですが、そうしないと事業が成り立ちません。そこをリファイニング建築でクリアーする必要がある、ここがポイントですね。ただ、実際にやってみると、そんなに外れはないんですね。だいたい5パーセントから10パーセント程度の差額です。ぼくの家の事例で言うと、4パーセント余でした。当初の見込みより良い場合もあるし、悪い場合もあるのですが、コンクリートの圧縮強度を見て状態が良ければ、この程度必要だろうと予備費を付けて総事業費を組みます。

今の建築教育に必要なもの

田村——青木先生は、「大変なことをきちんとやらないと、建築家はダメだ」とおっしゃいますが、そこをもうちょっと詳しく。

青木——ぼくはリファイニング建築の場合、2回見学会をやっています。一度目は解体して補強が終わった段階、それと完成した段階です。最初の見学会が一番重要で、つまり、出来上がったら新築と同じなんです。躯体がどうなっているかを見てもらうといろいろ反応があって、中には「えっ、こんなふうになっているの?」と質問する一級建築士がいます。日本の建築教育は、設計者が構造や施工に関してあまりにも無頓着だったり、他人任せにしていることが多いのではないか。一級建築士なら、構造や施工にちゃんと興味を持って設計することが必要だし、それを積み重ねていくと、リファイニングに必要なことがだいたいわかるようになります。うちの事務所の場合、耐震の方法と大まかなやり方、プランを4年くらいやるとまあまあ間違えずにやっていける。10年するとかなりのことができます。ぼくの事務所は、手間をちゃんとかけて良いものをつくって、それに見合う設計料をもらう、というのが大きな柱です。

今のように設計の仕事があるのは珍しいんです。こんな時代は滅多にない。ぼくの経験ではバブル以来です。

田村――世の中の全部の設計事務所が忙しいわけではないと思いますが……。

青木先生と一緒に仕事をしたことがありますが、建築に対して正面からきちんと向かい合い、自分事として仕事をする姿勢が最後にクライアントの心を動かす。ガイドラインがなくて役所の担当者がどうやって確認を下ろしたらよいかわからない段階から、ある意味で役所の担当者を教育しながらやってこられたわけですね。もしかしたら銀行の担当者も、頭の堅い上司を説得したのかもしれません。青木先生のその粘り強さの根源は何ですか?

青木――先日、カナダのカルガリー大学の学生が20人ほど事務所に来たのですが、彼らに「デザインに自信がある人」と聞いたら、全員が手を挙げました。ぼくは37歳で『新建築』に作品を発表しましたが、発表の動向を見ていますと、たいてい途中で第一線から退いていく。安藤忠雄さんから言われたのは、建築家の寿命は10年だと。二川幸夫さんは5年と言ったらしいのですが、安藤さんにその旬を何処にもっていくかを考えろと言われました。旬があるならば、ぼくのデザインの力というのはどこかで消えてしまうだろう。デザインだけではなく、技術とか、そういうものを考えてやることで違うことができるのではないかと思っていたところ、リファイニング建築に突き当たったという感じなんです。もちろんデザインは重要ですし、ぼくも一生懸命やっていますが、それ以外にも重要なものがあるということです。

ビートたけしが上手いことを言っていまして、ご飯をつくるか、おかずをつくるか。つまり、ご飯をつくっていけば一生食える。おかずをつくっていたのではあきられる、ということを彼は言ったと思うのです。そういう意味ではぼくは、ご飯をつくる作業をしているのではないかと思います。

田村――ご飯をつくるには厳しい道を進まなければいけないわけですね。

建築教育の話を聞きたいのですが、青木先生は首都大学東京で10年目、海外でも客員教授をされていますが、日本の大学の建築教育の何を一番変えていかなければならないと感じていますか？

青木――海外では美術学部の中に建築があるという大学が多くて、工学、エンジニアリングと建築が一緒になっているところは少ないようです。タイのチェラーロンコーン大学にはコンクリートの専門家はいないそうです。日本の場合、かなり総合的に建築を学びますので、それは有利だと思うのですが、大学に入って専門に入るのがだいたい2年の後期からで、1年半専門を習って、4年からゼミに入りますね。専門教育が1年半というのは短いのではないか、建築全体をちゃんと教育するには2年半くらい必要なのではないかと思います。そして、学生にはぜひ設計をして欲しいんです。設計という作業は、構造力学や法規、材料、計画などを集合したものが設計に表れます。あらゆる建築的な学問と、設計を繰り返しやっていくことで、腕が上がっていくのではないか。今、設計が必修になっていない大学が多いのはちょっと残念な気がします。

田村――設計教育がいわゆるデザイン、空間の問題に終始していて、構造的なことや環境的なことなどが必ずしもリンクしていないのかも知れません。

青木――特に田村先生の専門の経済について、建築教育ではほとんどやっていないのではないでしょうか。

田村――ぼくは再生マネジメント研究室で、主に建築の再生とその後のマネジメントを研究していますが、もうひとつの専門が不動産と建築の間くらいの分野です。建築のデザインをする人はたくさんいるが、プロジェクトをデザインする人はいないだろうと思ってやり始めたのですが、後に続く人がなかなかいません。

青木先生は、例えば賃貸マンションをリファイニングする場合、かけた費用をどう回収し、クライアントの利益になるにはどうするかということをいろいろ考えて提案されています。初めから事業収支計画を提案する建築家は意外と少ないのではないかと思うのですが、先生はそれをどうやって身につけたのですか？

青木――ぼくは大分で自宅を2軒、事務所をひとつ、東京で自宅を1軒つくりました。若い時はお金は銀行で借りればいいと思ってやっていたのですが、後でえらい目に遭って、これは大変なことだと友人の銀行員に相談したところ、「計画性がまったくない」と怒られまして、そこから少しずつ勉強しました。自分が失敗したことで、クライアントは失敗しないようにと考えたんですね。

建築コストを正確に把握しているクライアントはいないと思うんです。ですから最初の段階で、「その予算では無理ですよ」と言うことをきちんと言いますし、なおかつ、「我慢するところは我慢してくださいね」ということを前もって言っておかないと後でえらい目に遭う。事業収支については初めから提示して、間違いないようにすることが重要です。

クライアントの求めているものを正確に把握する

田村――デルフト工科大学を訪ねたときに、いわゆる住宅の学科が「ハウジング&リアルエステイト」という名称だったのが印象的でした。要するに建築は出来上がると不動産なんですね。建築学会で一緒に活動していた京大の巽和夫先生がそうおっしゃったのが印象に残っています。ぼくは巽先生のその教えの下に活動していますが、どうも日本の建築家は建築と不動産をバラバラに考えている傾向があります。クライアントは出来上がった不動産を自宅として使う場合もあるし、賃貸で事業に使う場合もある。クライアントの使い方ということをもう少し意識して、建築というものをつくっていかないといけないのかなあ、と思います。

青木――そういう意味では機能というのは重要です。クライアントが何を求めているかを的確につかまないと失敗する。クライアントは個性的な方が多いのですが、本当は何を求めているのか、何が重要かをきちんとヒアリングすることが建物の長寿命化には重要なことではないかと思います。

田村——青木先生と仕事をしたとき、最初の調査にものすごくエネルギーをかけていました。建物自体の診断ですね。それと同時にクライアントが何を求めているかを知るためにコミュニケーションに時間とエネルギーをかけ、その上でようやく設計が始まる。そこが青木先生がリファイニング建築を確立されたひとつの大きな要因かなと思います。

これはぼく自身の感想ですが、大学の建築教育では設計の演習でプレゼンテーションをさせますね。もちろん、プレゼンも大事なんだけれど、実務では本当はクライアントの声や悩みを聞くことのほうがずっと大事で、プレゼンというのはその後にあるのではないかと思いますが、どうでしょうか?

青木——最近はどこの大学の先生も、公共事業の場合はワークショップをやっていますね。個人住宅の場合、奥様の言うことを聞いていればだいたい上手くいくのですが、会社とか自治体のように組織になると詳細なヒヤリングをしないと、後でしっぺ返しがくる。どんでん返しが必ずあります。どこで本音を聞き出すかが重要ではないかと思います。こちらが早くクライアントの所へ歩み寄って、一杯飲みながらでないとなかなか本音に届かないことがあります。本音を引き出すのはなかなか難しいのですが、それを聞かないと良い建築はできません。

田村——最終的には青木先生のような人間力をつけなければいけないということのようです

ね。
　先生は事務所のスタッフに博士号を取らせていると聞いたのですが、その辺の考え方を教えてください。

青木——ぼくは建築学会賞をもらったとき学会に入っていなくて、亡くなった鈴木博之先生に怒られたのですが、受賞後、鈴木先生が「博士論文を書いたほうがいいよ」とちらっと言われたのです。鈴木先生はそれほど本気で言ったのではなかったと思うのですが、ぼくは本気になりました。その頃、古い建物をリファイニングしていて途中でクライアントにいちゃもんを付けられて、裁判をしないとお金をもらえないようなことがあって、よし、博士論文書こうと思って、2年かけて無事博士号を取りました。その後、娘が別の分野で博士号を取ったということもあって、娘と同年代のスタッフも欲しいのではないかなと思いました。もう一点は、設計事務所はある意味、一代で終わりです。ぼくの事務所がなくなっても、スタッフがリファイニング建築の技術を引き継いで設計事務所をやってもいいし、研究機関や大学の先生になってくれればいいのではないかと思いました。設計事務所は儲かる仕事ではないので資産は残せませんから、知的な挑戦をすることで未来につながるのではないかと思ったのです。すでに一人、博士号を取りまして、今二人目が挑戦しています。

田村——ぼくも50歳になってから論文を書いて、青木先生と同じように博士号を取りましたが、実務をやっている方も、実はそういうかたちで自分がやってきたことをきちんと理論化して世に出すことが必要だと思います。

青木――賞はもらっても名刺に書けませんが、博士はひとつのステイタスになるのではないかと思うので、所員にも努力して欲しいと言っています。一級建築士を取ることによって本人の能力は上がりますし、博士号も取ると全然違ってくるんじゃないかと思っていますので、事務所の経済が許す限りは援助していこうかなと思っています。

田村――なかなか真似できない、素晴らしいことだと思います。学部は難しいと思いますが、大学院で再生建築の技術的なことや総合的なことをコースとして位置づける可能性はどうでしょうか？

青木――これからは再生建築の市場規模が大きくなりますが、新築をやっている方がいきなり再生建築やろうとすると、相当抵抗があると思うのです。できないことが多いのではないでしょうか。再生建築は本当に重要なことだと思いますので、ぜひ明治大学でコースをつくられてはいかがでしょうか。

産業としての再生建築の可能性は？

田村――ドイツを見ても、再生建築の産業規模が日本の倍くらいの規模に成長しています。建設産業は新築だけでない部分を考える必要があるかなと思います。

青木――ヒースロー空港から高速道路でロンドン市内に入って行くと、右側に超高層のコンクリートのアパートがあるのですが、ＡＡスクールの江頭慎教授によると、再生が相当問題になっているらしいんです。石造とか煉瓦造の再生はかなりノウハウがあるが、コンクリートの再生は始まったばかりで、江頭さんは「青木さんがやっている技術が世界で最先端ではないか」と言っていました。カルガリー大学のシンクレア先生は毎年、学生を連れてきてリファイニング建築を見学させていますが、カナダでもコンクリートの再生はまったくないと言うんです。気付いて見ればコンクリート建築はたかが１００年です。コンクリートの再生はこれから世界に広がっていく技術ではないかなと思います。海外の方と話していると、そういうことがわかってきます。学生の皆さんがリファイニング建築を勉強すると、これから海外で仕事がガンガンできるのではないかな、と思います。

田村――新築については先輩の建築家を追い越すのは相当大変です。もちろん再生建築が簡単なわけではないけれど、本格的にやっている方は少ないので、そこを集中してやると意外と若いうちに世に出られるかも知れないという可能性がありますね。

青木――こういう仕事をやっていると良いことがありまして、今日も会場に三井不動産の方がたくさん来ていますが、青木茂に頼めば安心感があるということで仕事を依頼してくれるのだと思うのです。これはりそな銀行と業務提携したときもそうだと思うのですが、どうしてたかだか20人の、風が吹けば飛ぶような設計事務所と業務提携するのか、と銀行内では相当抵抗があったと思うのです。たぶん、新築の設計だけをやっていたのではとてもではないけれど、銀行や大会社から一緒にやろうということはなかった。それは本当にラッキーな仕事に巡り会えたと思っています。

田村――会場から質問やご意見がありましたらどうぞ。

質問1――青木先生のリファイニング建築の現場を何度か拝見して非常に勉強になっています。今、私がやっているのは既存のS造をどうするかという問題でして、RC造と比較してS造というのはどうか、ということがひとつ。もうひとつは、木造のリファイニングについてのお考えをお聞きしたいと思います。

青木――S造は簡単です。躯体が見えますから、メンバーと仕口を抑えればだいたいわかります。仕口の溶接部分が正常にできているかどうかというチェックが大事でして、うちがやっている手法はだいたい3パーセントくらいの仕口を調べて、悪ければ全部溶接をし直します。

田村――青木先生と一緒にやったS造の案件が渋谷にあります。宮益坂と明治通りの交差点から原宿方向に50メートルくらい行った角に「ラコステ」が入っているビルがあります。一見新築ですが、ぼくが事業計画をやって、青木先生にリファイニングしていただいたので、ぜひ見ていただければと思います。

もうひとつの質問は木造のリファイニングですね。木造はもともと耐震についてはRCよりずっと簡単だと思います。例えば古い寺院も柱でも何でも接ぎ木をし、悪い所を新しい材に変えるというかたちでやっています。普通の在来木造ならば壁に筋交いを入れるなり、版で補強するなり、いろいろ補強の仕方があります。難しいとしたら、基礎と本体との接続部

❖渋谷商業ビル
所在地：東京都渋谷区渋谷1―15―19
主要用途：商業施設
既存建物：
商業施設／1972年竣工
（着工時築40年）
確認済証：有、検査済証：有、設計図書：有、構造計算書：無
設計・監理：青木茂建築工房
構造：構造計画 プラスワン
施工：イチケン東京支社
構造：鉄骨造
規模：地上4階
設計期間：2011年3月～9月
施工期間：2011年9月～2012年3月

AFTER
UNCONVENTIONAL CHIC
LACOSTE
LACOSTE

分ですが、ＲＣに比べると木造は比較的容易だろうと思います。ただ、再生すべきものと、その必要のないものの見分けは重要ですね。

青木――簡単に言うと、事業性に合うかどうかが、ぼくの場合は判断基準になります。事業性が合えば、そんなに難しくありません。

質問2――今後、築30年のＳＲＣ造の物件を建て替えるかどうかという岐路に立たされるだろう思っているのですが、ＳＲＣ造についてうかがいたいと思います。

青木――ＳＲＣ造は鉄骨の部分がコンクリートに入っていて見えないので、図面があるかどうかが重要です。既存図や計算書があれば、それを元に計算し直します。資料がない場合は、コンクリートをハツリ取って調査する必要がありますが、一カ所ではわかりませんので、かなりの箇所をやるために調査にお金がかかる。そこが問題です。結局、部分を見て全体を抑えることしかできませんので、計算書があればかなりちゃんとできます。相談を受けて、図面がない場合、こういう調査費用が必要ですと言うと、大抵そこで止まっちゃうんです。ただ、ぼくは難しいことが好きなので挑戦してみたいと思います。

田村――今、工事費が値上がりしていますから、建て替えよりはリファイニングないし再生のほうが経済的な優位性が高まることが多いのではないかと思います。
　実は建て替えたほうが得なのか、リノベーションが得なのかを比較するために学生用につくった教育用ソフトがあります。これは事業採算性を厳密に表すソフトではありませんが、建て替えたほうがいいのか、リノベーションのほうがいいのかを判断できるソフトです。

質問3——田村先生からストックに対する消費者の意識についてお話がありましたが、もう少し詳しくお聞きしたい。

田村——一番難しいが大事な課題だと思います。ひとつは既存の建物に投資をしてもしょうがないというのは、やはり消費者の不安からくると思うのです。既存の建物が今どういう状態なのかはっきりしないし、お金を掛けて再生しても何年もつかわからない。その不安をどう払拭するかが重要です。その意味で、青木先生がやられているように、建物の状態を徹底的に調べて、それに対して技術的に的確な対応策を提案するという方法は非常に大事ではないかと思います。もうひとつは、古い建物に投資しても結局大したものはできないのではないか、という思いがあるのだろうと思います。青木先生は今日、あまりデザインの話をされなかったのですが、リファイニング建築は実際に見ると新築同等以上にデザイン的にも素晴らしくて、そこには夢があります。「既存建物に投資するとこんなことができますよ」という世界を見せてあげることもすごく大事ではないかと思います。しっかり技術的におさえることと、夢を与えるようなデザイン、そういう意味で建築再生において設計の力というのは、ものすごく大事なことだと思います。

（2017年11月7日、明治大学理工学部特別講義）

井上光一郎

光ビル取締役

誰か知らない架空の居住者ではなく、
大切な自分の母親が住み続ける家だと思って設計する。
この話を伺ったとき、
青木先生にぜひお願いしたいと思いました。

いのうえ・こういちろう
1974年生まれ／1998年慶應義塾大学経済学部卒業／1998〜2006年人材総合サービス、食品メーカーにて、事業開発、採用の業務／2007年より光ビルにて不動産賃貸業

リファイニング建築へのローンの仕組みがマンションを変える

―出会いから9年、3つのリファイニング―

井上――当社の不動産賃貸業は創業1974年9月で、福岡市の南に位置する福岡県大野城市のもともと田んぼやイチジク、モモ園だったところに、祖父・光が鉄筋コンクリート造の賃貸マンションを建て、父・堯春が管理してきました。今も母が経理を担当しています。祖父が亡くなったので、私は会社員を辞め、2007年より家業に加わりました。マンションは5棟あり、青木茂建築工房に相談した2008年8月の時点で、新しい建物で築26年、古い建物は築34年になっていました。

青木――当時、リファイニングしようというクライアントはまだポツポツという感じでしたが、井上さんの仕事をやらせていただいてから爆発的に広がり、まさに激動の10年でした。

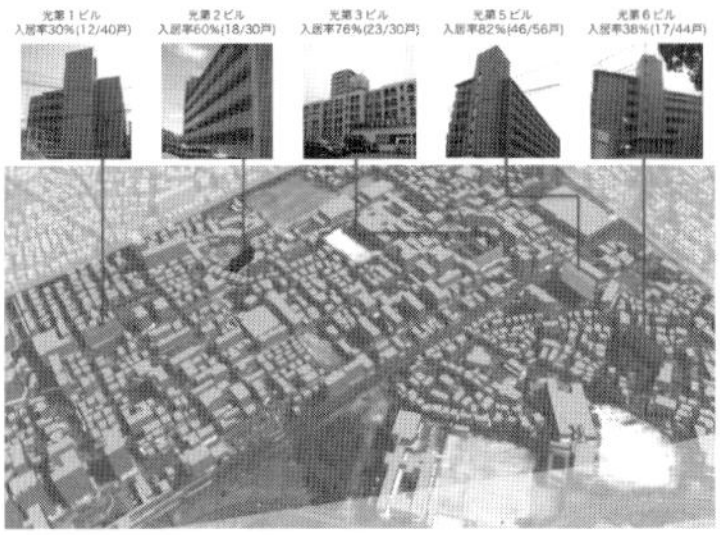

光ビルは全部で5棟あり、これまでに3棟のリファイニングが終了した

井上――「光第1ビル」（1974年）は、祖父が建て、父が30年間以上維持管理してきました。私は「光第1ビル」と同じ年の生まれで、自分と一緒に年齢を重ね、小さい時からよく知っていたので思い入れが深かったのです。また、私が育った家は木造で現在築60年ほどになります。冬はとても寒いですが、今も問題なく住んでいます。一方、鉄筋コンクリートの建物は、築30年前後で取り壊されることが多いようですが、あまりにもったいないと思っていました。

しかし、築25～30年ぐらいから、どの建物も空室が少しずつ増えてきて、漏水のトラブルも年に数件は必ず発生するようになりました。高架水槽方式であることから給水管へ水圧がそれほどでもないため、給水管のトラブルはほとんどなく、雑排水の横引き管からの漏水が主です。建築当時は、白ガス管といわれる鋼管で横引き配管されていたため、年数が経つと腐食が進み、そこから漏水していました。建物本体は、鉄筋コンクリート造でしっかりしているのに、給水管・排水管・電気幹線・ガス管といったライフラインが老朽化し、トラブルが発生するようになって、また、いつその他のトラブルが起きるかわからないような状態でした。人間にたとえると、骨格はしっかりしているのに血管がダメになって、体のいろいろな箇所で発病しているような感じです。

入居者のニーズの変化もあって、畳敷きの和室よりフローリングの洋室のほうが好まれるようになりました。1970年代の竣工時、台所のみ板張り、そのほかの居室は畳敷きというのは一般的だったと思います。現在は畳敷きの和室は人気がありません。80平方メートルを超える4LDKといった広い間取りで、LDKと続きの4・5畳程度の和室は来客用とか小さい子供の遊び場としてニーズはあるかもしれませんが……。給湯についても、当時のお風呂はバランス釜で、洗面台はお湯が出ない、台所は瞬間湯沸かし器が一般的だったと思い

❖光第1ビル
所在地：福岡県大野城市白木原2―9―6
主要用途：共同住宅（賃貸）
既存建物：
　共同住宅／1974年竣工
（着工時築38年）
確認済証：有、検査済証：無、
設計図書：有、構造計算書：有
設計・監理：青木茂建築工房
構造：金箱構造設計事務所
施工：エース建設
構造／規模：鉄筋コンクリート造／地上5階
設計期間：2011年11月～2012年8月
施工期間：2012年9月～2013年3月

ます。今では浴槽に水を張って沸かす、バランス釜の使い方を知らない方も多いと思います。

間取りも、例えば70平方メートルぐらいの4DKなら、玄関を入って短い廊下がまっすぐ延び、右に洗面所・便所・浴室の水回り、左に6畳の和室、廊下の扉を開けると、10畳の食堂・台所、横に6畳の和室、奥に6畳の和室がふたつ。奥のふたつの和室はバルコニーに接していて、どちらかを居間として使い、ブラウン管のテレビにちゃぶ台、座椅子、冬の時期ならコタツといったイメージでしょうか。台所には、バルコニー側の和室との間仕切りが、型板ガラス入りの建具で、そのガラスからの採光となるわけです。キッチンは壁付けタイプで、食器棚の配置が難しいとか、台所横の和室は一日中暗いといった不満がありました。住んでいるのは夫婦と子供3人、おばあちゃんの6人家族といった感じで、家族が多いので個室が求められました。現在は、夫婦と子供2人の4人家族で、個室の数より、大きな液晶テレビやソファが置ける広いLDKが求められています。キッチンは、カウンタータイプ。リビングもダイニングもキッチンも陽が入り明るい部屋が好まれます。核家族化により、この40年ぐらいで求められる間取りにも大きな変化がありました。また、5階建て以上ならエレベーターが必要になり、オートロック、カメラ付きインターホン、防犯カメラといったセキュリティー面へのニーズも大きいと感じています。ネット通販の利用の拡大により、宅配ボックスも便利なようです。

これまでに外壁塗装や、畳敷きをフローリングに張り替え、キッチンの取り換えといったリフォームはやってきましたが、それも徐々に効果が薄くなってきたような気がしていました。近隣には新築のマンションやアパートが建ち、当社のマンションが外観や設備面で競争力がなくなっていくという実感がありました。建物が老朽化していくのを止められず、空室も徐々に多くなっていくちょうどその頃にリファイニング建築に出会いました。当時は「リ

塔屋部分と高架水槽を解体し、エレベーターとエントランスへのアプローチを新設

北側外観。手前の塔屋部分は外部階段。その上に高架水槽が設置されていた

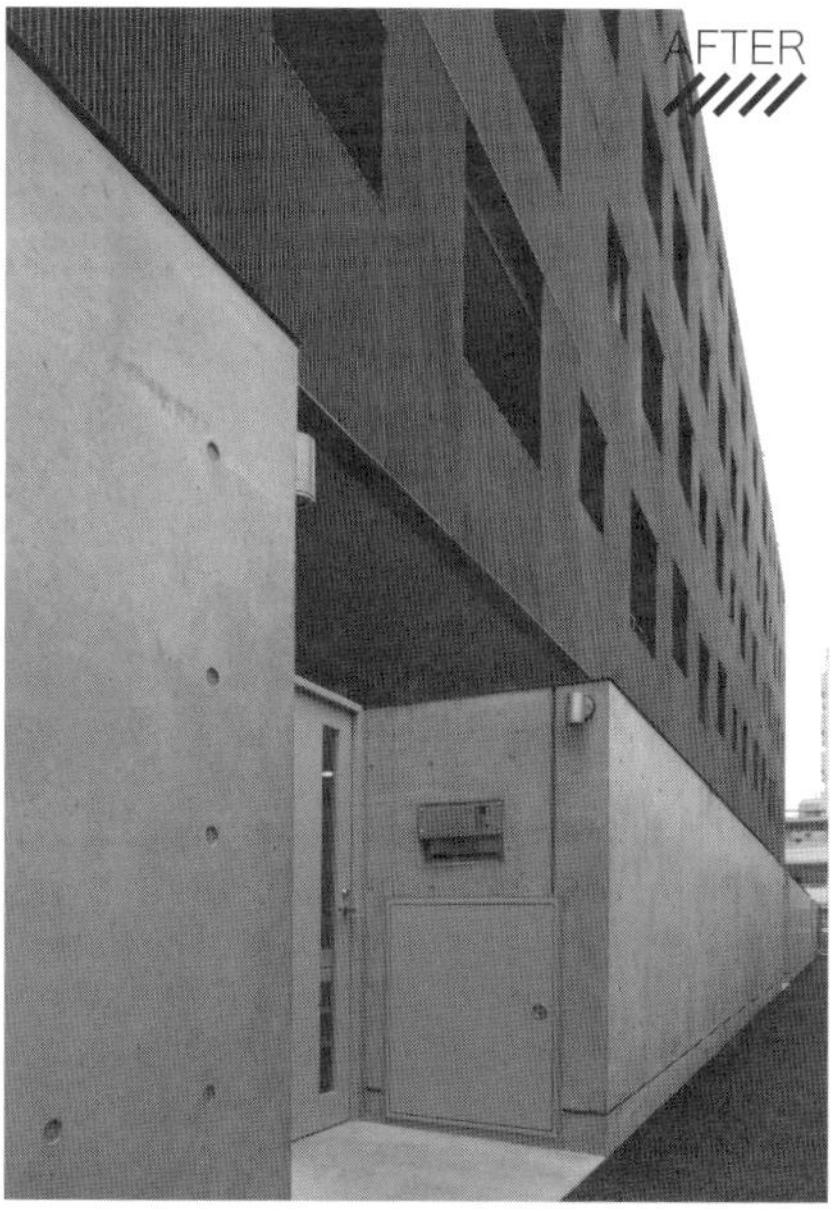

西側1階にはRC壁を新設し専用庭を設けた

北側外観。エントランス回りを一新

専用庭に面して玄関を設けたリビングアクセス型プラン

エントランスにはオートロックを新設した

西側外観

ファイン」と言っていましたね。きっかけは、当社で一番古いマンションの大規模なリフォームを地元の不動産会社から提案されたり、付き合いのある建築士に建て替えを提案してもらったりして、いよいよ何らかの改善をしないといけないと認識したときでした。リフォーム、リノベーションといった用語を検索エンジンにかけ、「リファイン」という言葉をウェブ上で知り、青木先生にたどり着いたわけです。今から振り返ると、とても運が良かったと思います。

福岡事務所に電話をすると、現在東京事務所の所長をされている奥村誠一さんに対応していただき、翌日福岡事務所へ行きました。面談では、こちらからはマンションの老朽化と空室に悩んでいることをお話しし、奥村さんからは、リファイニング建築のことやその実績を説明していただき、リファイニングや青木先生についての資料をいただきました。リファイニング前後の写真を見ると、古い建物が新築に置き換わったような感じで、とても驚いたことを覚えています。一般にリフォームやリノベーションと言われるものとリファイニングはどうやら別物で、内外装の意匠とインフラの更新、耐震改修がリファイニングの特徴だと理解しました。最初の面談の数日後、福岡にいらっしゃった青木先生と面談し、後日建物を見てもらいました。各階3カ所のコア抜きによる中性化試験や圧縮強度試験をしないとリファイニングの可否は判断できないが、外観を見た感じでは問題なさそうだと聞いて、安堵したことを覚えています。青木先生との初めての面談のときか、その後かに聞いた言葉が忘れられません。先生は「自分の母親が住む家だと思って設計しなさい」と所員に指導している、という話を伺いました。自分の母親が住む家だと思って、建物の安全性を確保し、お母さんが使いやすいように使い勝手を考えなさい、ということだそうです。誰か知らない架空の居住者ではなく、大切な自分の母親が住み続ける家だと思って設計する。この話を伺ったとき、

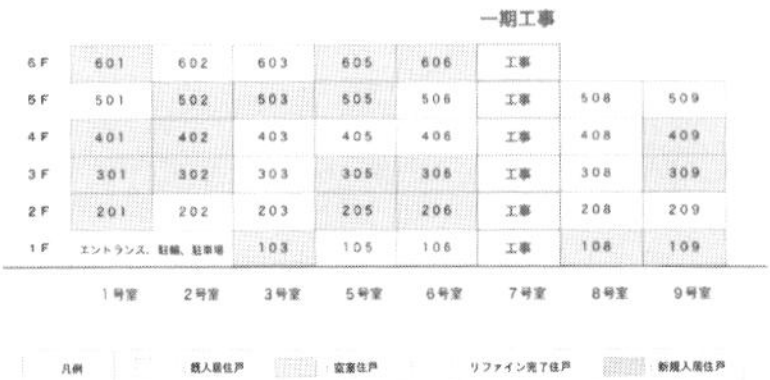

第6光ビル
「使いながら施工」で3期にわたり、順次リファイニングした。

青木先生にぜひお願いしたいと思いました。

青木——古い建物を再生するというのは、基準がないんです。その基準を決めるときに数値だけではダメだと考えたのです。「自分の家だったらこんなことする?」と聞くと、「しない」と。「じゃあ、ちゃんとやれよ」というのが基本的な考え方で、それは難しいことではないと思うのです。特に安全に関することは「自分の母親が住むんだったらこれでいいか?」と考えろと言っています。

あの頃は団地再生のコンペに応募してもまったくだめでした。UR都市機構から話があったときに、1棟だけでは問題が解決できないので、1街区をやらせてくれと言ったのですが、ほとんど相手にされませんでした。いまだにコンペでは苦戦しています。井上さんからお話をいただいたとき、全部で5棟あるというので、それなら1街区あるようなものだから、これを順番にやっていくとぼくが考えていた理想に近いマンションの再生ができるのではないかと思いました。

最初にやったのは「光第6ビル」(2010年)で、これは新耐震の建物でした。居住者が全員退去することは難しいというので使いながら施工でやろうということになりましたが、それもわれわれにとってはノウハウの蓄積になりました。その後、「光第1ビル」、「光第2ビル」(2016年)と続けてやって、クライアントが何を考えているのかということが手に取るようにわかるようになりました。「光第1ビル」、「光第2ビル」では、どちらかというとこちらの考えを押し付けでやっていたところがありましたが、井上さんから「将来のメンテナンスを考えて、住宅設備の採用をしてほしい」と言われて「なるほど」と気付きました。同じクライアントと続けて仕事をやることで、お互いに気を許していろいろなことを話し合うこと

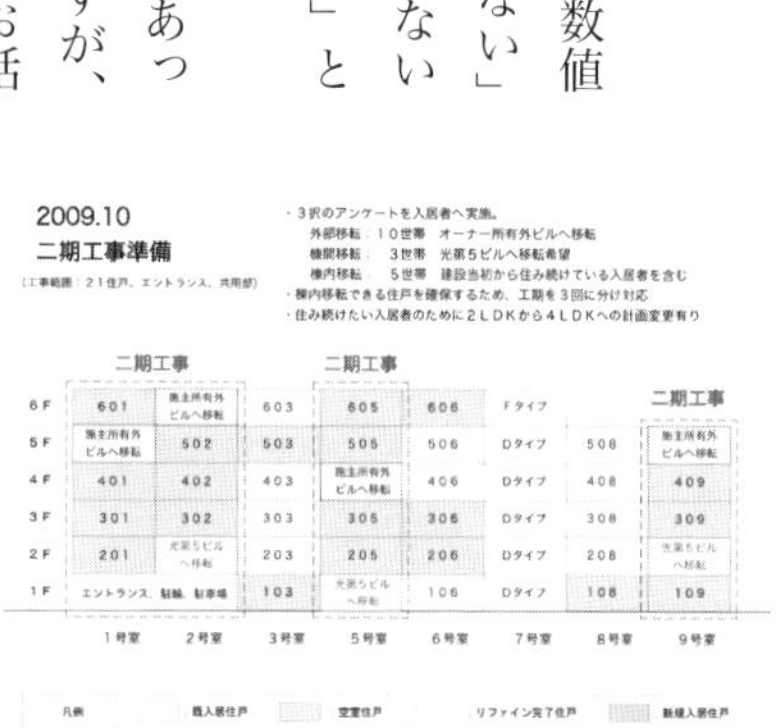
2009.10
二期工事準備
(工事範囲:21住戸、エントランス、共用部)
・3択のアンケートを入居者へ実施。
外部移転:10世帯 オーナー所有外ビルへ移転
棟間移転: 3世帯 光第5ビルへ移転希望
棟内移転: 5世帯 建設当初から住み続けている入居者を含む
・棟内移転できる住戸を確保するため、工期を3回に分け対応
・住み続けたい入居者のために2LDKから4LDKへの計画変更有り
二期工事
6F 5F 4F 3F 2F 1F
エントランス、駐輪、駐車場
1号室 2号室 3号室 5号室 6号室 7号室 8号室 9号室
凡例 既入居住戸 空室住戸 リファイン完了住戸 新規入居住戸

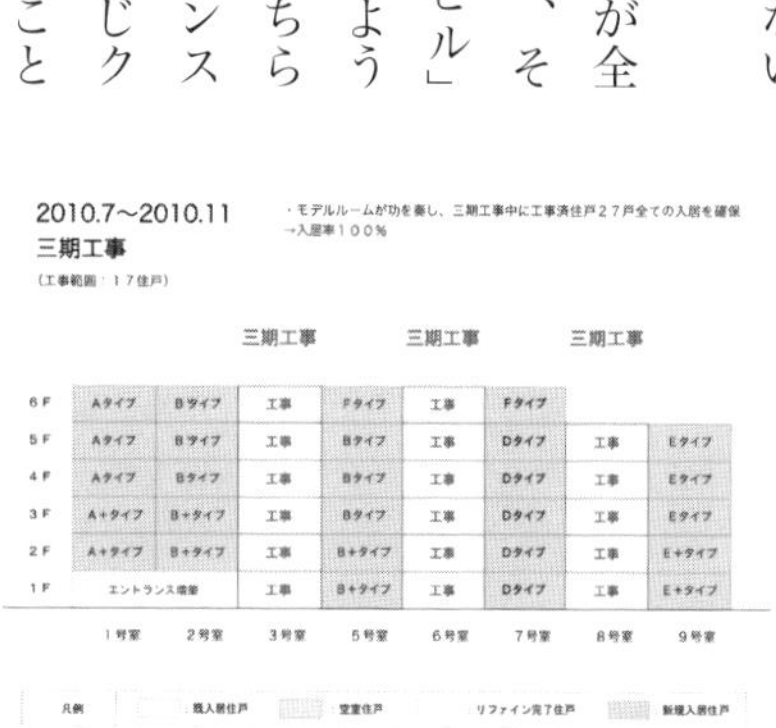
2010.7~2010.11
三期工事
(工事範囲:17住戸)
・モデルルームが功を奏し、三期工事中に工事済住戸27戸全ての入居を確保
→入居率100%
三期工事
6F 5F 4F 3F 2F 1F
エントランス増築
1号室 2号室 3号室 5号室 6号室 7号室 8号室 9号室
凡例 既入居住戸 空室住戸 リファイン完了住戸 新規入居住戸

ができて、その結果われわれにノウハウが積み重なっていったのではないかと思います。

家賃を確保するために、セキュリティーをアップしようとか、印象を良くするためにはどうするかとか、いろいろ考えましたが、それまでに実現しなかった数々のプロジェクトでプレゼンテーションしていたことが実になりました。実施設計はしていないけれど、構想は頭の中にできていたので、それが役立ったのです。

井上さんはこういうふうにして欲しいという主張がきちんとしているので、スタッフもやりやすかったと思います。

井上――「光第6ビル」は奥村さん・甲斐大器さん、「光第1ビル」は秋山徹さん・仲宗根未央さん、「光第2ビル」は秋山さん・佐藤信さん・東佑二郎さんに担当していただきました。みなさん個性豊かですが、共通するのは建築と自分の仕事に対する真摯な取り組み姿勢です。

今、青木茂建築工房は土曜日も休みになりましたが、私が最初におじゃました頃はそうではありませんでした。夜8時とか9時に遅くて申し訳ないなと思いつつ電話すると、後ろで電話が鳴っているのが聞こえて、他のところともまだやり取りされているんだと思いました。その時の担当者は甲斐さんでしたが、夜中2時とかにメールを送ってきて、本当に朝から晩まで仕事をしている。そして夜中どんなに遅くても翌朝はビシッと9時に来ていました。それは安心感というか、ちゃんと会社組織として対応していただいているんだなと感じました。奥村さんが上についていて下さったのですが、後で甲斐さんから、「一人で全部やるのは初めてなんです」という話を聞いて、私も初めてのリファイニング建築でしたから、一緒に成長できたという感じがしています。「光第6ビル」は使いながら施工で3期に工事を分けてやりましたから、全部で1年半くらいかかりました。

光第6ビル 2010 ← 1982

既存建物は新耐震基準によっていたため、耐震補強は必要なく、内装、設備を更新し、共用部は建物のイメージとセキュリティーを向上するためにエントランスを増築するなど、必要最小限の工事とした。
既存建物は共用廊下側に水回りが配置され、リビングに窓のない間取りだった。そこで水回りを住戸の真ん中に配置し、光と風を住戸内に取り入れた。また、住戸間を貫通していた排水縦管を外部バルコニーに持っていくことで、メンテナンスを容易にした

BEFORE

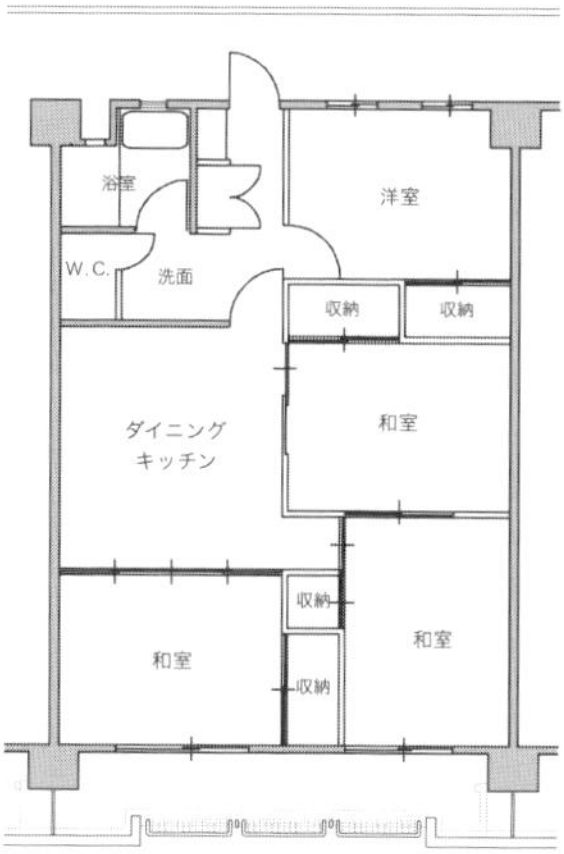

AFTER

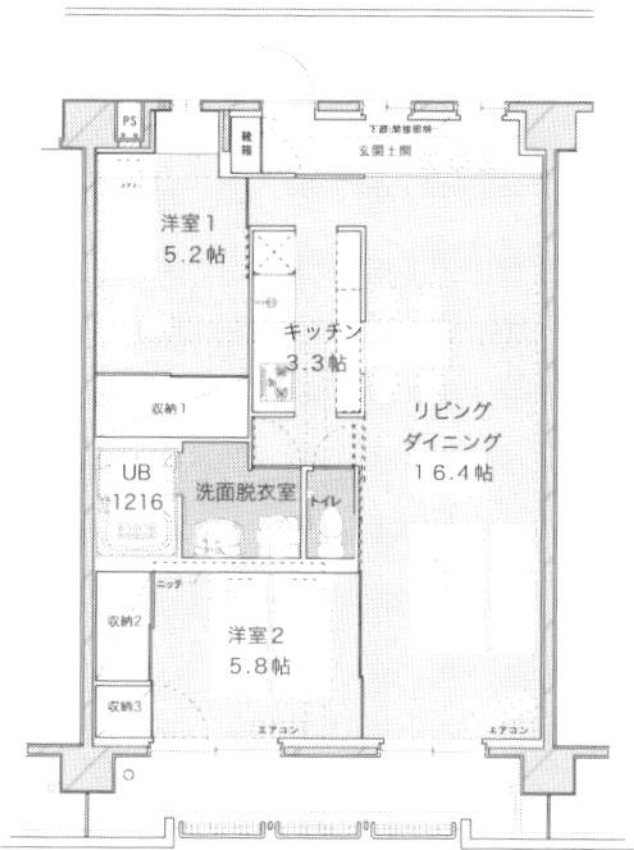

青木――最初、銀行は融資しない、ということが決まったんですね。それでどうしようかと非常に問題になって、結局、まず縦一列をやった。それが出来上がって銀行に見せたら、こんなに上手くいくのなら全部融資すると言い出しました。ぼくから見たら、井上さんの会社にはすごい資産があるのに、銀行はなぜ融資しないんだろうというのが引っかかって、その頃から銀行からどうやって融資を引き出すかということを考え始めました。

井上――結局、融資してもらったのですが、当時のローンの仕組みで、法定耐用年数マイナス築年数で、築28年でしたから19年のローンしか組めなかったんです。それを先生が銀行と新たな仕組みをつくられて、今は築40年の建物に新築と同じように35年とか30年ローンが付くようになりました。個人が住宅として買う場合は個人の信用で築40年の中古マンションでも30年ローンのパッケージがありますが、収益物件のマンションで築40年の建物に35年ローンというのは今まではあり得ないことでした。先生がやられている仕組みを知らない金融業界の人にこの話をすると、すごくビックリします。先生がこの仕組みをつくられたことは融資の常識を改めさせた革新的な業績だと思います。

青木――うちにとっても、それで仕事が成立する確率が上がりました。

使いながら施工についていては、大分で一度やって大失敗して、その教訓があったので、同じ失敗を繰り返さないためにどうやるかを考えました。ひとつは議事録をしっかりつくって、確認をし合うということ。ひとつずつ確認をしていかないことには、後々問題が残ったときに反論ができなくなります。そして「家歴書」をつくろうと思ったのは、お金を払ってもら

❖光第6ビル
所在地：福岡県大野城市上大利2—6—1
主要用途：共同住宅（賃貸）
既存建物：
　共同住宅／1982年竣工（着工時築26年）
　確認済証：有、検査済証：有、設計図書：有、構造計算書：有
設計・監理：青木茂建築工房
構造：九州シー・アンド・シー事務所
施工：未来図建設（1期）、北洋建設（2・3期）
構造／規模：鉄筋コンクリート造／地上6階
設計期間：2009年1月～2010年8月
施工期間：
1期：2009年6月～8月
2期：2009年12月～2010年4月
3期：2010年8月～11月

えない上に賠償金まで取られたらかなわないと思って、リファイニング工事の詳細な記録をつくることにしたのです。

井上――甲斐さんは、工事を進めていくために必要な修正プラス打合せの議事録、定例会議の議事録をつくらなければならなかった。それは結構大変な作業です。本当に議事録をつくるべきなのは最初のお客さんですよね。一度仕事をやってみれば、あ、この人は後で前言をひっくり返す、とか、最後に責任を押し付けるとかわかる。今ではうちは議事録も出て来ない。(笑)でも、それは信頼関係ですね。設計者も自分の身を守らなければなりませんから、議事録は重要です。

青木――クライアント、設計者、施工会社の三者が最後まで問題なく進めていくために必要です。

甲斐大器(青木茂建築工房)――「光第6ビル」では居住者アンケートをかなり取りました。まず、「どんな工事を希望されますか?」と、ちょっと目的がはっきりしないアンケートをやって、「工事するんだな」という雰囲気をかもし出して、2回目に「耐震改修をしようと思っています」という宣言文みたいなアンケート、3回目に「やることになりました」、4回目に「移るならどうしますか?」と。

青木――「何かトラブルはありますか?」と聞いて、「そのためにこういう手を打ちますが、賛成ですか? 反対ですか?」と聞くと、だいたい改修して欲しいとなります。そうやって、

「皆さんOKしていますから、じゃあ、やりましょうね」という方向に導いていく手法は確立できたのではないかと思います。

井上——使いながら施工の場合、解体時の音だけは本当に申し訳ないなと思います。避けるやり方はあるんですよ。ハンドクラッシャーを使えばいいのですが、コストと時間がかかる。それを簡単にやろうとすると、ブレーカーで道路工事をやっているようなドドドドーッという地響きのような音がする。初めてリファイニングするときは、どのクライアントさんも解体の音の大きさにはビックリするだろうと思います。

青木——それも今は選択してもらっています。こうすると安くできます。だけど文句が来ますよ、どうしますか？　トラブルが起きてもうちでは処理できませんよ、と。

リファイニングで残る問題、その解決策は？

井上——建築確認申請の受付日が1981年6月1日を境に、いわゆる旧耐震建物と新耐震建物に分かれますが、旧耐震だからといって一律に耐震的にNGなわけでなく、実際には壁式RC造は相当頑強であることがリファイニング建築を通じて理解できました。

先にも触れたとおり、現在は青木先生がりそな銀行と取り組んだ「リファイニング建築」向けの融資が利用できて、一般的なローンでは法定耐用年数マイナス築年数プラスアルファですが、提携ローンの場合、築40年のRCに新築と同じく35年ローンをつけることができます。また、建て替えだと、用途地域・容積率等の建築法令の変更に伴い、既存の建物の容積率が維持できないことがありますが、そういう場合、リファイニング建築は有効です。

しかし、リファイニング建築では解決できないこともあります。賃貸住宅では募集条件、分譲住宅では売却条件として、築年数の古さは新しい物件に比べてどうしても不利です。賃貸マンションの場合、お客様は不動産ポータルサイトで検索して候補物件をリストアップしますが、条件設定の最初は、多くのサイトの場合、「築年数」です。リファイニングしても、築年数がリセットされるわけでないので、新築より少し賃料を下げるとか、改修物件の客付けに強い不動産仲介業者に募集を依頼するなど、募集には工夫が必要です。

さらに、築年数の古い物件は階高が低いので（2，600ミリメートル前後）、天井高が低くなりがちです。またスラブ厚が薄いことが多く（120ミリメートル）、音の伝播は重量に反比例するので、上下階の音の問題はなかなか解決できません。床スラブを打ち増しする工法もありますが、そうするとその分天井高が取れなくなる。

青木――「築何年」については、ぼくの仕事を見て、これから国がどうするかでしょうね。築何十年だけれど、リファイニングして新耐震と同じレベルにしましたから新築同等の扱いになりますよ、と国が認めればいいと思うんです。

床のスラブや天井高の問題は、吹抜けをつくればいい。解決方法はできているんです。ぼくの家（「YS BLD.」）も天井は低いのですが、一部階段室を吹抜けにすることで、通常住んでいる分にはあまり気になりません。スラブ厚も120ミリメートルですが、一部、娘の稽古場だけはスラブ下にコンクリートを増打して補強しています。やり方はいろいろあって、床のきしみとか撓みが気になるのであれば、炭素繊維を床に貼れば軽減されます。あるいはスラブ上にメッシュ状の配筋をしてモルタルを打てばいいのではないかと思うのですが、構造屋さんがなかなかうんと言わない。

井上――その分、重量が増すからでしょうか？

青木――ええ。それも他の箇所を解体して軽量化すれば成り立つと思うのですが、既存の躯体を取って、そこにまたプラスして、というのは構造屋さんの計算が面倒なんですね。

井上――1棟目の「光第6ビル」は満室になるまでに1年半かかりました。2棟目の「光第1ビル」は丸1年。3棟目の「光第2ビル」は3カ月で満室になりました。やっと不動産仲介業者の営業担当にリファイニングが認知されるようになったという感じです。新婚さんは新築の建物に入りたがりますが、営業マンがそういうお客様に新築ほど高くない、リファイニングしたこういうマンションがありますよと案内してくれるようになりました。うちのマンションにお客様付けしてくれる営業担当は今30、40人いますが、その人たちは他の不動産仲介業者に移っても電話をかけてきて「今、空いていますか？」と聞いてくれます。東京はたぶん大丈夫だと思いますが、福岡の賃貸市場におけるリファイニングの認知はまだまだこれからですね。

青木――東中野の「高根ハイツ」（2010年）は、部屋を見に来たら決まるんですね。見に来させるまでが営業マンの腕だと言っていました。

井上——青木先生の『建築再生へ——リファイン建築の「建築法規」正面突破作戦』にはリファイニング建築について結構細かいところまで書かれていると思いますが、誰も勉強して先生の真似をしようと思わない。それは何故でしょう?

青木——昨日来た人に、調査をこうやって、耐震診断があり、補強設計をやって、長寿命のためのコンクリートの調査があって、設計があって、終わってから「家歴書」をつくると言ったら、口をあんぐりさせていました。設計事務所のトップが「絶対にやれ」と言わないと、たぶんできないでしょう。所長がお金の計算ばかりしていたら、絶対にできない。日本のサッカーと同じで、指揮官が世界戦、世界戦というから選手が頑張るのであって、ちょっと緩めると直ぐ落ちます。最近、日本の一流企業で問題が起きていますね。ある人によると、日本の基準が厳しすぎて、それで追いつかなくてズルしちゃうと言うのですが、しかし、それはどういう基準でやるのかを決める時に問題があると思うのです。基準を決めたらそれを守るというのは、当たり前ですから。

ぼくは建築基準法というのはある意味最低の基準だと思っています。Is値が0・6あっても完全に安全ではないんです。人命を守るというのは最低条件で、それ以上をクリアーするのは建築家の判断次第です。デザインは人が良いと思うものよりもっと良いくしたいと思うから、良いものができる。安全に関することも、もっと良いものにしたいと思わないと本当に良いものはできないのです。今、ややもするとデザインに片寄る風潮がありますが、安全については誰かがやってくれるというのではだめだと思います。

新築するなら？

井上——これからまだ「光第3ビル」と「光第5ビル」のリファイニングが残っていますが、それが終わったら新築をやってみたいとも思いますし、もし、不要になった社宅などがあれば、それを取得してリファイニングしてみたいとも思います。

もし新築するなら、建物の形はシンプルにして歪みが生じないように、階高はしっかり取る、スラブもできる限り厚く、その3つだけ守れば、たとえ新築の建物のデザインがその後気に入らなくなっても、30年後に青木茂建築工房でリファイニングしてもらえばまた立派になる。（笑）

青木——蒲田の「ヒュッゲ カンダハイム」（2016年）はリファイニングを断念し、新築した事例です。

井上——去年拝見しましたが、直方体をいろいろ切った形が面白いですね。写真ではあまり大きさを感じさせないのですが、実際に見ると大きな規模なのでビックリしました。

甲斐——クライアントが最初からああいう形を望んでいたわけではないのです。

事業的に床面積を確保しようとすると、日影規制でどんどんいびつな形になっていって、そうすると工事費がアップする。工事費を抑えるためにシンプルにするにはどうしようかと

ヒュッゲ カンダハイム（設計：青木茂）

考えて、平面をおにぎり状の形にすることによって日影制限の影響を最小限にし、壁が4層まで一直線に立ち上がるという解決方法を選んだのです。あれは極めてシンプルな形なんです。（笑）

井上——なるほど。案内していただいたとき、すごく感じの良いお施主さんで、担当の甲斐さんを可愛がっているのがよくわかりました。

甲斐——当初は鉄骨造4層の建物をリファイニングしてほしいという依頼だったのですが、調査したら漏水で軀体が錆びていてボロボロでした。これはリファイニングできませんと言ったら、その時すでに調査や計画で費用がかかっていたので、無茶苦茶怒られたのですが、新築するために解体してみると、図面では10メートルと書いてあった杭が1・5メートルしかなくて、クライアントに「新築にしてよかった」と言われました。聞くと、建設時に建設会社が倒産して夜逃げしていて、見れば見るほど既存建物の施工不良が見えてきました。

クライアントとのやり取りで一番大変なのは、いろいろな人の思惑と予算がある中で何を選択するか、何が正解なのかを決めることです。もちろん、所長がちゃんと見ていますが、細かい点について提案するのは所員の仕事で、その時に担当者が自分なりの意志を持ってやらないとプロジェクトが頓挫してしまう。迷ったときはどう進めるべきなんだろうと、本当に不安になります。

青木——基本的な考え方、例えば吹抜けをつくる、耐震の位置などはぼくが決めて、そこは譲らないようにすれば、後は見ているると担当者がかなり上手くやっています。上手くいかない時はコントロールしてやる必要がありますが、ベースになるところだけ抑えてやる。

井上――先生とお話していて、うちの物件のこんな細かいことまでご存じなんだ、というのにはいつもビックリします。

青木――担当者から報告を受けますから、何処までが許容範囲なのかということはちゃんと見ていて、ダメなものはダメだと言う。でも、ぼくが思っていなかったような新しい提案をしてきたら、それはＯＫするんです。デザインは任せてもいいけれど、安全についてはきちんと抑えないとやばいな、と思っています。

今、若い人が建築に行きたがらなくなっています。ゼネコンも人が集まらないと言っています。どろどろした仕事は嫌だ、サラッとしたきれいな仕事をしたいという人が多いのは危険だなとぼくは思っています。

最近、歴史の本をよく読むのですが、今のわれわれの幸せは、戦後われわれの親の世代が残してくれた、そのストックでわれわれは食っている。ヨーロッパを見ると、植民地からの搾取であれだけのストックが残った。中国なんかは極端で、中国の中で搾取していますよね。それは日本では成り立たないので、みんなが勤勉に働かないと国力が伸びないと思う。そういうことは所員に伝えたほうがいいと思うのです。

ぼくが首都大学東京で学んだことは、大学の先生は一生懸命自分の後継者を育てている。ああ、こうやって学問というのはつながるんだなと思ったときに、ぼくもリファイニング建築の技術を引き継がなければと思いました。

今、スタッフを見ていて嬉しいなと思うのは、クライアントにも、現場の職人さんにも、同じような気持ちで接している。それは教育のしがいがあったかなと思います。現場では時に難しいことをお願いすることがありますから、職人さんにも、現場監督にも感謝の気持ちを持って仕事をする。そうしないと結局良い建築はできないと思っています。

（２０１７年12月８日、青木茂建築工房にて）

古澤大輔

リライトD・日本大学専任助教

門脇耕三

明治大学専任講師

ふるさわ・だいすけ
1976年東京都生まれ／2000年東京都立大学（現首都大学東京）工学部建築学科卒業／2002年同大学大学院修了後、同年メジロスタジオ設立、共同主宰／2013年メジロスタジオをリライトDへ組織改編／2013年〜日本大学理工学部建築学科専任助教／専門は建築設計、建築計画。主な研究テーマは再生建築、リノベーション、コンバージョン

かどわき・こうぞう
1977年神奈川県生まれ／2000年東京都立大学（現首都大学東京）工学部建築学科卒業。2001年同大学大学院修了／同大学助手、助教を経て2012年〜明治大学専任講師。主な研究テーマは建築構法、構法計画、建築設計、設計方法論

現状では再生建築は法的なズレがあるわけで、
それをどうやって説得していくか。
弁護士が過去の判例を読み解くようにやっていくのが、
リファイニング建築のひとつの本質だと思いました。（古澤）

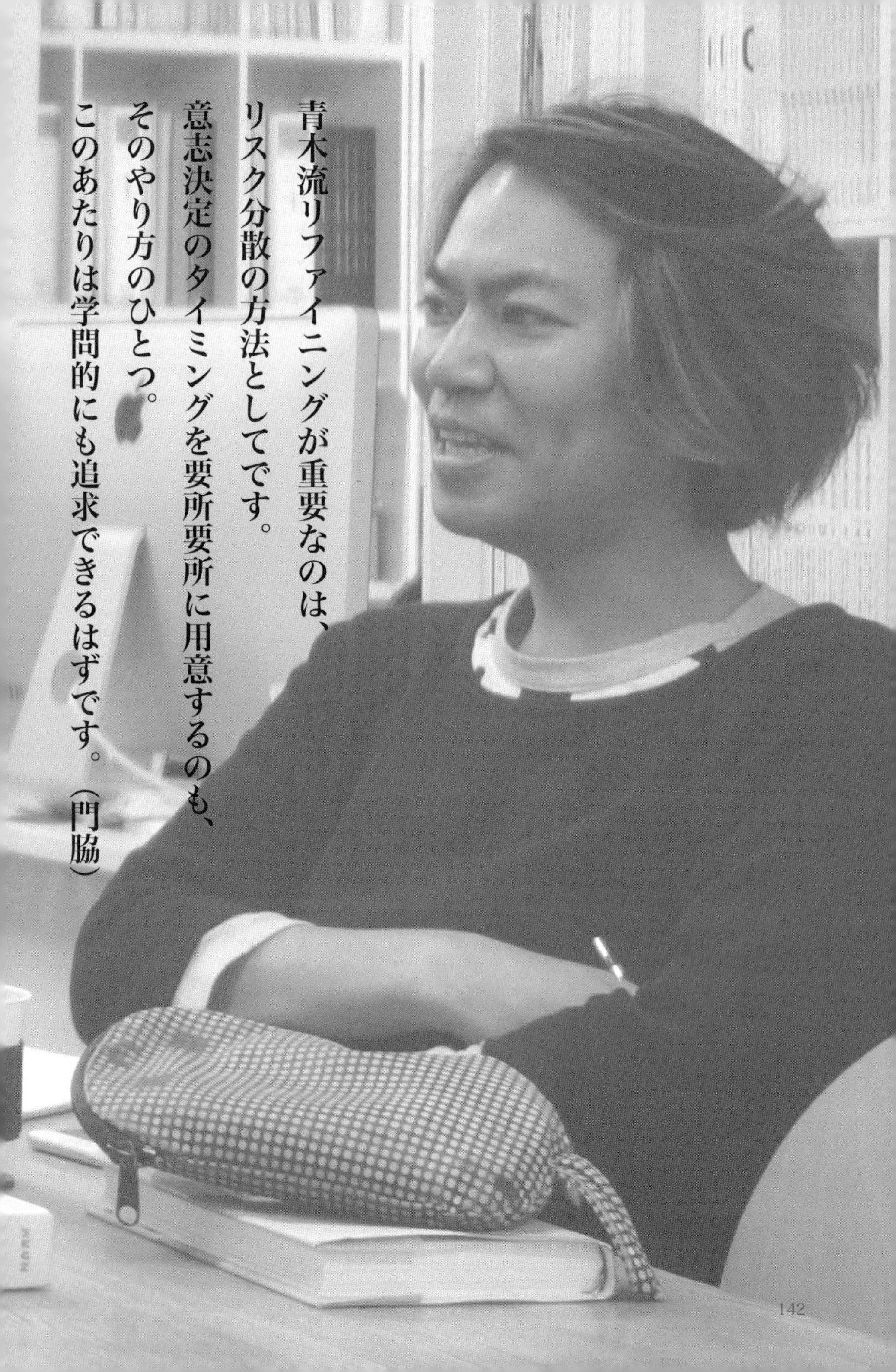

青木流リファイニングが重要なのは、リスク分散の方法としてです。
意志決定のタイミングを要所要所に用意するのも、
そのやり方のひとつ。
このあたりは学問的にも追求できるはずです。（門脇）

リファイニング建築のDNAは若い世代にどう伝わったか？

一首都大学東京でやったこと、できなかったこと一

青木――お二人は都立大学（現首都大学東京）の同級生で、うちの事務所の秋山徹君も同級ですね。首都大学東京に呼ばれたとき、アカデミズムの世界をまったく知らなかったぼくをいろいろとサポートしてくれたのが、深尾精一先生の助手をされていた門脇さんでした。そして古澤さんは学生時代に秋山君とアイデアコンペを一緒にやって１００万円ゲットした。

古澤――その賞金で事務所をやろうとワンルームの小さなアパートを借りたところで、秋山君を青木事務所に取られて、ぼくは一人きりになってしまった。急遽仲間を見つけて他大学の友人二人と事務所を立ち上げました。ですから、ぼくの中では青木先生は秋山君を連れて行った悪い大人というイメージで（笑）、直接会ったのはそれからずいぶん後でした。

門脇——青木先生はまず鈴木博之先生に見出されたと聞いていますが、その後、松村秀一先生たちとも付き合い出して東京でも名前を知られるようになりました。秋山君は角田誠研究室、ぼくは深尾研究室で、松村研究室と研究分野が近いので、先生のお名前は知っていました。当時、リノベーションという言葉はもうあったのかな。

古澤——五十嵐太郎さんが編集した『リノベーション・スタディーズ　第三の方法』（リノベーション・スタディーズ共編、２００３年、ＩＮＡＸ出版）が出たあと本格的に定着した感じがしますね。

門脇——馬場正尊さんのＲ不動産とか、Ｒが付くリノベーション、リサイクルなどの言葉がわっと出てきた時代でした。青木先生もそのムーブメントのひとつのように当時は認識していましたが、地方で大規模な建物をかなり大々的にリフォームしている建築家が、「宇目町役場庁舎」（１９９９年）と「八女市多世代交流館」（２００１年）をひっさげて現れたという印象でした。

青木——その頃、ぼくがやっている再生建築に名前を付けようと考え、友人のコピーライターが「リファイン」はどうかという案を出してくれました。石油を精製するとか、生まれ変わるという意味があるので、いいんじゃないか、と。

古澤——当時はコンバージョンという言葉はまだ定着していませんでした。

老人福祉センターを多世代交流センターにリファイニングした。既存躯体の主要構造部に施工不備が多かったため、構造耐力上支障のある箇所の補修・補強を最優先した。
外部は「屏風」をイメージした金属板のカーテンウォールで覆い、風雨による躯体の経年変化を予防している

門脇——それまでわれわれ構法分野の人間は、ＳＩ（スケルトン・インフィル）住宅などといって、新築で構造躯体と内装・設備を分けることを考えていたのですが、それを時間的にずらしながら展開する可能性がコンバージョンとかリノベーションにはありそうだと考えるようになり、そういうこともあって松村先生が２００１年にコンバージョン研究会を始めた。そこに青木先生が引きこまれて東京にチョイチョイ来るようになり、その縁があって深尾先生と知り合ったそうですが、当時、われわれの大学でもこれからはリノベーションだということで、ＣＯＥという大きな研究プログラムを立ち上げるために、その分野の著名人に講演をしてもらおうということになり、青木先生にキーノートスピーカーとして参加していただきました。ぼくはその時初めて青木先生に挨拶したのですが、緊張して名刺を渡すだけで会話も弾みませんでした。ビックリしたのは、翌年の正月に青木先生から手描きのメッセージが入った年賀状が届いたことです。後からあれは安藤忠雄さんのやり方だと知るわけですが、深尾先生の鞄持ちの一番若いヤツに手書きの年賀状が届いた、それが最初の個人的な印象として鮮烈に残っています。その後、２００４年頃にＣＯＥの研究グループで九州に調査に行きました。その時もまだ青木先生と親しいという感じではなかったのですが、ご自宅でテーブルの端から端までお刺身が並ぶような大宴会を開いて下さいました。深尾先生もいたと思いますが、若い人中心のグループにもかかわらず歓待していただいて、なんてすごい建築家なんだろうと思いました。

ＣＯＥは２００３年から5カ年のプログラムでしたが、後発の文科省のプロジェクトがありそうだから、それに応募するためには、その道のプロがメンバーに加わったほうがいいだろうと、青木先生にファカルティーに加わっていただき、特別講座ができました。それが戦略研究センターです。青木先生は研究室を持たなかったので、そこで育った学生がいるわけ

❖八女市多世代交流館

所在地：福岡県八女市大字高塚191
主要用途：地域交流センター
既存建物：老人福祉センター／1972年竣工（着工時築28年）
確認済証：有、検査済証：無、設計図書：有、構造計算書：無
設計・監理：青木茂建築工房
構造：九州シー・アンド・シー事務所
施工：西松・大坪特定建設工事共同企業体
構造／規模：鉄筋コンクリート造、一部鉄骨造／地上2階
設計期間：2000年5月〜9月
施工期間：2000年10月〜2001年3月

ではないのですが、プロジェクト研究室といって、特定のプロジェクトに特化して志願した大学院生を毎年3人程度取って複数の教員で指導しました。それが2008年頃で、ぼくは青木先生の同僚としてかなり密に話すようになりました。青木先生はその頃から青木流リファイニング建築の方法を確立していかれ、ぼくはそれを脇で見ていたわけです。それまでリファイニング的なやり方には法的なルートがまったくありませんでした。そういう状況の中、地方の特定行政庁だとやりやすいということもあって、最初はある意味豪腕でやられていたのだと思いますが、青木先生はそこで止まらずに、そして作品性に転ばずに、むしろそれを技術化すると言って法的にオーソライズする道を見つけ、さらに金融的な戦略にも展開されていきました。

青木――ぼくとしては、リファイニング建築についてスジが通る一通りのことをやってきたが、大学でそれを学生に直接教えることができなかったのではないかという心残りがある。今はそういう若干の焦りがあります。

リファイニング建築の「技術」を伝えたい

古澤――ぼくが青木先生にお会いしたのは、リファイニング建築がほぼ確立されつつある時でした。2011年にJKK（東京都住宅供給公社）の団地を再生するという実践的なプロジェクトがスタートし、青木先生はその研究リーダーで、ぼくは設計監理者として携わることになりました。

門脇——ＣＯＥの後の研究プログラムで、東京都と積極的に連携して研究しようということになりました。当時、ＵＲ都市機構が団地再生の技術展開をしているのに対して、東京都の外郭団体であるＪＫＫも自分たちなりに展開しようとしていましたが、なかなかブレイクスルーできずにいた。そこでＪＫＫと大学がタッグを組んで、プロジェクト型の研究をすることになったわけです。青木先生はそこに大学側のリーダーとしてかかわっていて、プロポーザルコンペが行われ、古澤さんが設計者に選ばれた。

古澤——ぼくは廃校をコンバージョンしてアートセンターにした「アーツ千代田３３３１」（２０１０年）の設計監理をやった経験から、再生建築というのは面白いなと思っていました。過去の用途に供した既存躯体に対して、新規の用途を重ね合わせていくコンバージョンは、いろんなことの意味が変わっていく、転用されていくという状況が面白いと思いました。特に、ビルディングタイプの境界というのを意識するようになりました。しかし、再生建築は既存躯体の蓋を開けてみないとわからないという怖さもあるので、技術的に深い知見が必要なのですが、正直言って青木先生のリファイニング建築については不勉強であまり明るくはありませんでした。今でも覚えていますが、プロポーザルで選ばれた後、ミッションを遂行できるかどうか少し不安になっている時に、青木先生からいきなり携帯にかかってきて「とにかくヤリャアいいんや」と早口で言われて、逃げようがありませんでした。

そこで学んだのは、技術的にどういうふうに定量化するのかということです。特に興味深かったのは建築の適合性を第三者に証明させるための手段として、再生建築を位置づけることです。それが新築とはまるっきり違っていました。新築だと確認申請をして検査済証を取れば、建築の適合性が建築主事という第三者に保証されますが、再生建築では適合性のさせ方は設計者にゆだねられている部分が多く、適合性を証明する主体をどこにするのかというところから考える必要がある。法への適合のさせ方を実践的に学びました。

門脇――そのプロポの枠組みで面白かったのは、設計者とJKKの担当者が青木先生のリファイニング建築塾に参加すること、つまり、リファイニング建築を学ぶということがインセットされていたことでした。毎週青木事務所で勉強会が行われ、ぼくもそこに呼んでもらいました。

青木――あの時のメンバーとは今でも付き合いが続いていますが、JKKではそれ以後ものができませんでした。ぼくは技術者を教育しようと思っていたのですが、JKKは表面的な、外注するためのシステムを学びたいということだったようで、夕方5時になると帰っちゃう。JKKとするとそれほどのメリットはなかったのかもしれません。

門脇――青木先生は人を育てることにとても熱心で、自分のノウハウを事務所の中に止めることを良しとしない。それで古澤さんとかぼくを捕まえてきて、自分のノウハウをいろんなかたちで気前よく見せてくれて、それをわれわれは自分の仕事の糧にしていったところがあります。

古澤――今、ぼくの研究室の研究テーマは再生建築で、まさにDNAを組み込まれたという

コーシャハイム千歳烏山 11 号棟

2013 ← 1956

北側外観

北側外観。外廊下が設けられ、各住戸はここからアプローチする

南側外観。1階中央付近がエントランス

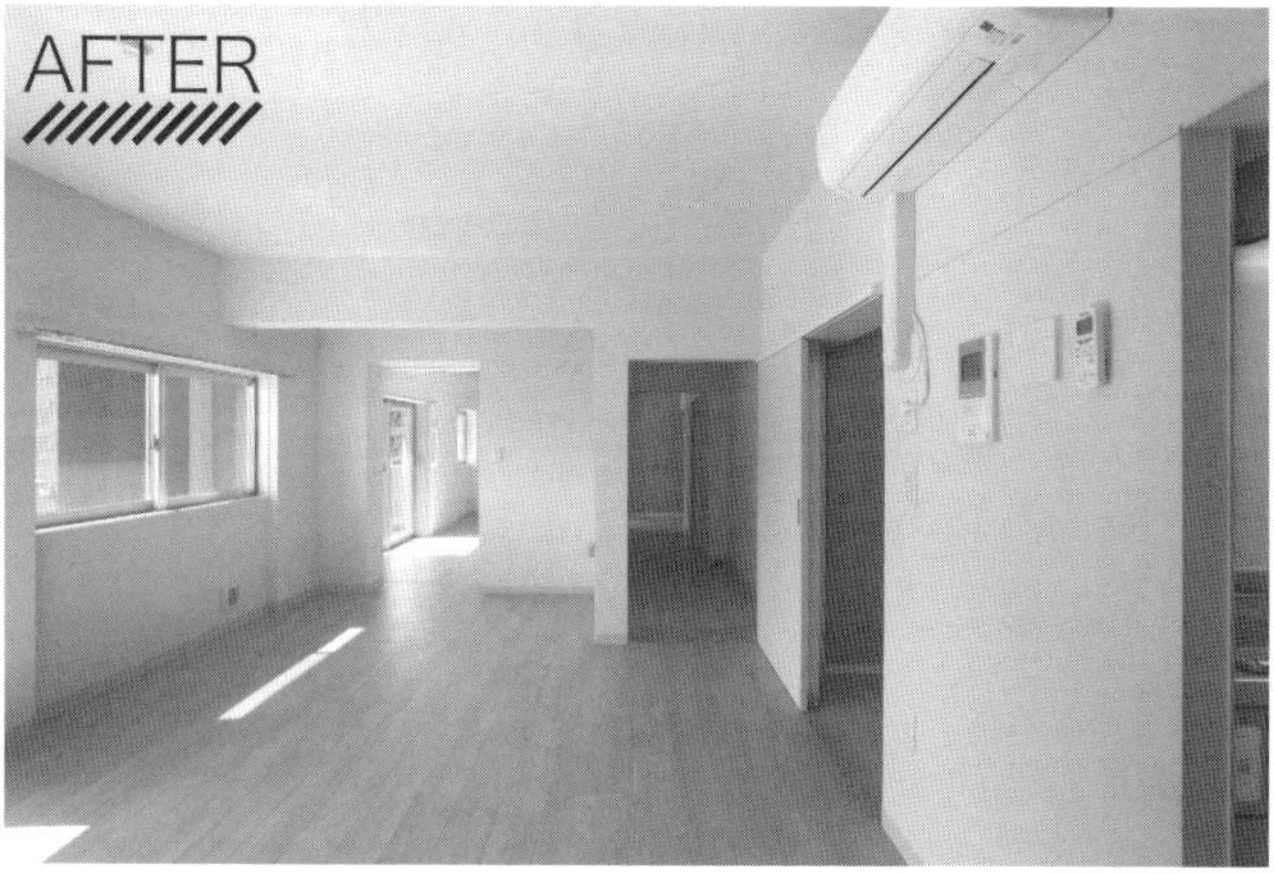

AFTER

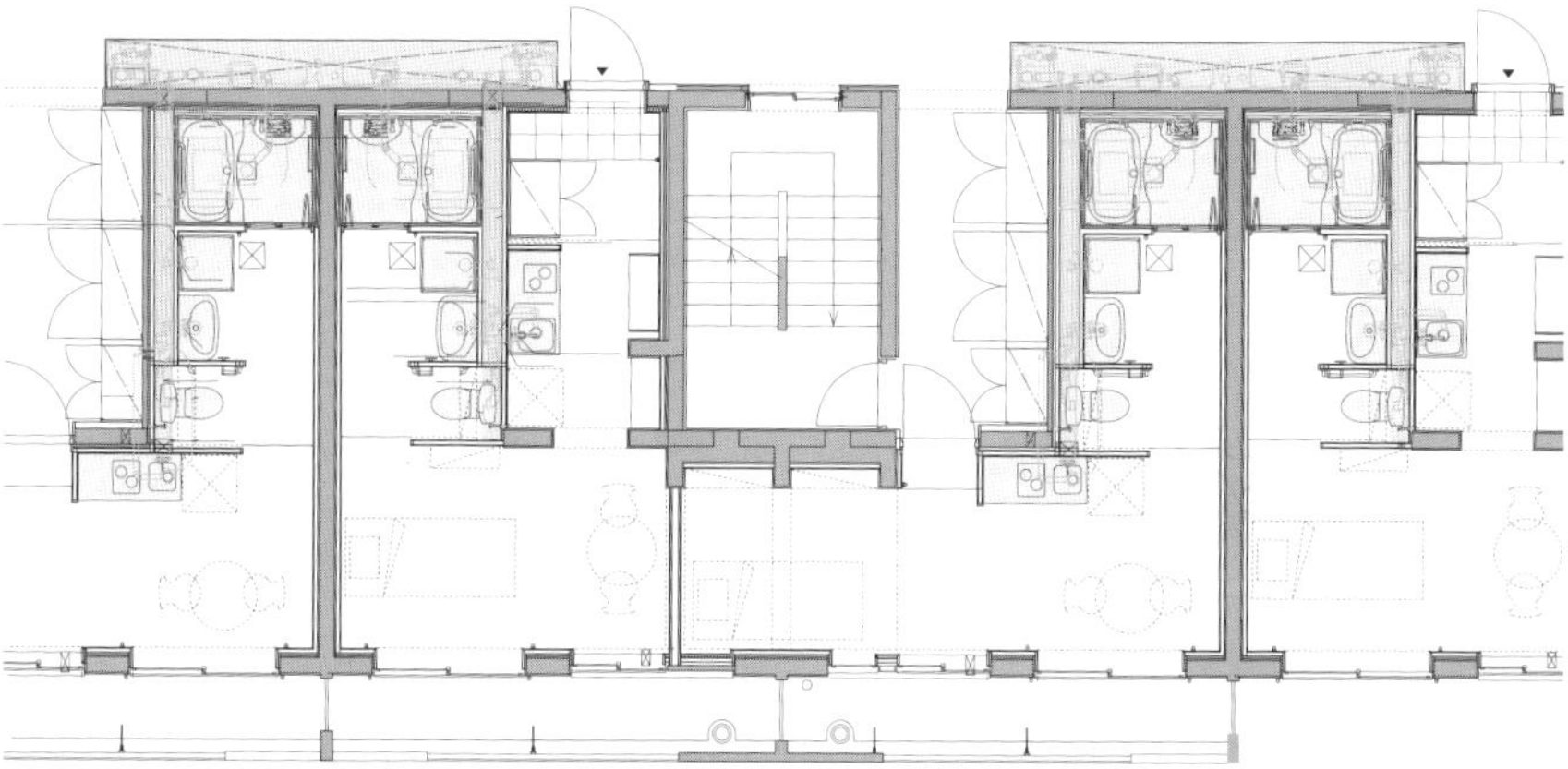

共用廊下側（北側）の壁面に設備スペースが設置されている

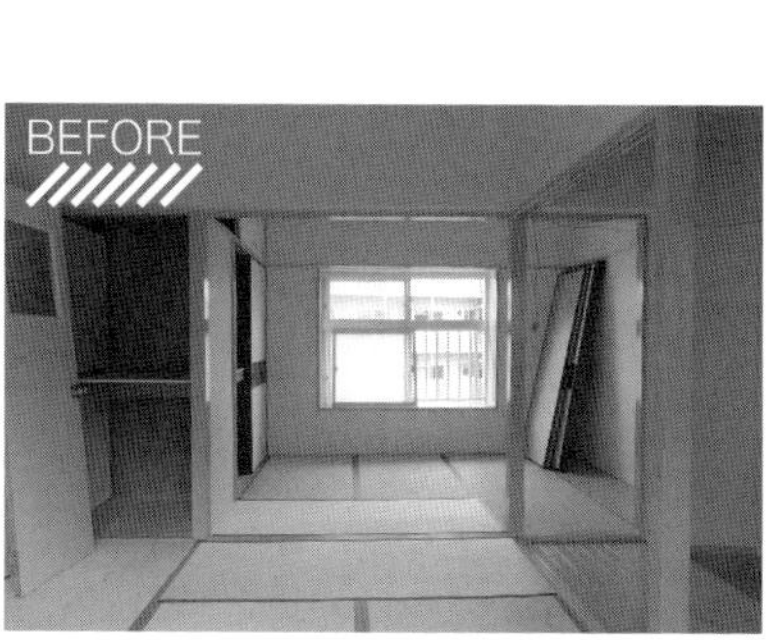

BEFORE

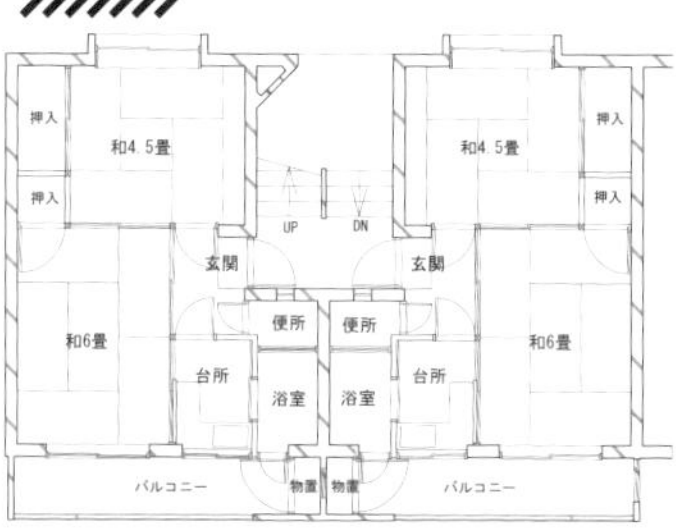

気がします。

青木――リファイニング建築の見学会をやると、「ノウハウ本が欲しい」とよく言われますが、ぼくの本を読めばノウハウが全部載っていますよ、としか答えようがない。ぼくは技術を公開するなら思いっきり開かないと意味がないし、オープンにしたほうが新しい知見が自分の中にも入ってくると思っている。

―悩んだ40代が飛躍のきっかけになった―

古澤――青木先生が再生建築をやろうと思ったきっかけは何ですか。

青木――カルロ・スカルパの「カステルヴェッキオ」を見て感動して、こういう建築が日本でできないかな、と思ったのがひとつの大きなきっかけでした。

門脇――スカルパを見たのは安藤忠雄さんが団長の建築ツアーでのことだそうですね。青木先生はデザインが上手かったけれど、デザイン以外の武器を探そうと安藤さんの海外ツアーに参加して、ヨーロッパを回ったと何度か話してくださいました。

先生は30代できれいな作品をつくって『新建築』にも載せたけど、その後自分の道を模索して、リノベーションと混構造に行き着き、両方ものにしています。青木先生が混構造にト

❖コーシャハイム千歳烏山11号棟
所在地：東京都世田谷区南烏山6―12―8
主要用途：共同住宅（賃貸）
既存建物：
共同住宅（賃貸）、1957年竣工（着工時築56年）
確認済証：有、検査済証：有、設計図書：有、構造計算書：有
備考：首都大学東京と東京都住宅供給公社による共同研究
設計：
監修：青木茂
統括：東京都住宅供給公社
意匠：メジロスタジオ
構造：軽石実一級建築士事務所
施工：目時工務店
構造／規模：壁式鉄筋コンクリート造、一部鉄骨造／地上4階
設計期間：2011年6月～2012年8月
施工期間：2013年5月～2014年4月

ライしていたことは、若い人はもう知らないかもしれませんね。

青木――地方は職人が近い所にいるから、大工にこんなことをやりたいと相談すると「できますよ」と言ってくれるので、ある意味でいろんなことをやってきました。

古澤――「くまもとアートポリス」の一環に「石打ダム管理所」（１９９１年）という彫刻のような造形的な建物があります。雑誌で拝見したときに、その設計者が「青木茂」とクレジットされているのを見たときミスプリじゃないかと思ったくらい、今の青木先生の作風とはまったく違う作品です。それから、磯崎新さんの『建物が残った』（１９９８年、岩波書店）を読んでいたら、「１９９２年の夏、青木茂が突然アトリエに来た」と「青木茂」という名前が頻繁に出てくる。磯崎さんの「ＡＮＹ会議」のお手伝いもされていますよね。今の青木先生の印象と正直結構違うなと思いました。

青木――あの頃は一番仕事がない時代で、磯崎さんの「旧大分県立大分図書館」（設計：磯崎新、１９６６年。現「アートプラザ」）の保存運動に情熱を傾けていました。大分で一緒に保存運動をやった仲の良いメンバーが大勢いて、たいそう盛り上がりました。この保存運動のお陰で磯崎さんにも気に入っていただきました。

門脇――この時、先生は44歳。悩める40代ですね。ぼくらはこれからそこに突入しようとしています。

石打ダム管理所（設計：青木茂、1991、くまもとアートポリス）

青木——あの頃はバブルがはじけて、事務所の経営は厳しかったけれど、良い時代でした。あの時の経験がないとぼくはジャンプできなかったと思います。タイミング良くいろんなことができた。

門脇——ぼくらが30代前半の頃、いろいろな人から「今は若いからいいけど、40代になると仕事がなくなるぞ」とさんざん脅されたのですが、その頃に青木先生に相談したら、「その時は勉強すればいいんや。勉強すると自分のやることが出てくるから、そこからやればいい」と言われて、その言葉はいまだに自分の指針になっています。

リスク分散としての「リファイニング建築」

古澤——青木先生はリファイニング建築について学生に実践的な授業をやりたかった、それがやり残したことのひとつだとおっしゃっていますが、建築基準法は新築寄りにできていますから、学生にとっては順番として新築を学んだ上で初めて再生建築が身となり骨となるような気がするのですが、どうでしょう？

青木——再生をやっていれば新築にも応用が利くし、もちろん、逆もまた真なりだけれど、新築と同じようなことを考えて再生をやると迷路に陥る。ぼくは最近、新築と再生建築は違う学問だと思っています。国土交通省や文部科学省、東京都にも首都大で再生建築コースができたらいいのではないかと思って、かなり働きかけたのですが、だめでした。

古澤――それは、意匠・歴史／計画／構造／環境・設備といった既存の専門領域、加えて再生建築という独立した領域をつくるイメージですね。

門脇――青木先生のリファイニング建築は一種のテクノロジーですが、テクノロジーであるがゆえに、ある時代的な状態、情勢に依存している。例えば建築基準法がなくなって建築基本法ができると、要らない技術になってしまうかもしれない。学生がそれだけを勉強しても、パソコンが使えないおじさんみたいになるので、それを通じてやはり建築の核心を学ぶ必要性があるのではないか。

古澤――建築には共時的側面と通時的側面の両方が大事だと思うのですが、技術と法律は共時的側面に寄りがちなので、再生建築を歴史性という通時的側面へどう接続させるのかを議論しなければ。歴史的建造物の「保存修復」という安易な接続に陥ってしまうような気がしています。

　鈴木博之先生のお弟子さんの加藤耕一さんが『時がつくる建築：リノベーションの西洋建築史』（２０１７年、東京大学出版会）で、西洋建築史の中にリノベーションを時間軸の中に位置づけています。そこでは既存建物に対する３つの時間的な態度があると述べられていて、ひとつは保存修復という時間を固定させる態度、ふたつ目は再開発という時間軸を破壊する態度です。そしてもうひとつが再利用、つまりリユースで、アノニマスな建物をどう使い倒すかという態度。これは青木先生がやられていることです。

青木――新築というのは新しい建築を歴史の中に提供することだと思うけれど、再生というのは古い建物の歴史を読み解きながら、そこに挿入する作業で、新築とは思考回路を変えなくてはならないのではないか。例えば、白井晟一の建築に普遍的なものを感じるのは何なんだろう、といつも問いかけられているように感じるのです。あれは新築ですが、あれほどのコストをかけなくても、古い建物の再生をやる作業の中で突っ込んだ思考が生まれてくるのではないか。

「北九州市立戸畑図書館」(2014年)をやったときに悩んだのは、コストは決まっていたので、元のインテリアの漆喰がどうしても再生できない。すごく悩んだ末に、やっぱり割り切ろうと泣く泣くあきらめましたが、ぼくとしてはそれに対する議論が巻き起こらなかったことが残念なんです。たぶん、リファイニングによって「戸畑図書館」は、歴史的な背景の中でこういうものを新築でつくりましたというより、はるかにインパクトがあるものにすることができたと思うし、アーチフレームによる構造補強はこれしかないという中で苦しんで意匠を考えたのですが、インテリアをどう遺すかはぼくにとって一大事件でした。外観をあれだけ遺したのだから、内観もそれに合致するものがあると良かった。「戸畑図書館」が出来上がった後に韓国に行ったのですが、新しいソウル市庁舎は古い建物を一部保存していて、感心しました。新しいほうは奇妙な建築だけど、古い部分は非常に上手くやっていました。

門脇――どういうふうに意志決定してプロジェクトを進めていくかというときに、各部分の決定を時間的にばらけさせて、そのばらけたところに専門家以外も巻き込んで意志決定し、その履歴、道筋をいちいち認定していってアーカイブしていくと、インクルーシブデザイン、住民参加のデザインになります。これはリファイニング建築の手続きにも近くて、リファイニング建築の場合、文字通りの過去に元々の参加者がいる。そのどの部分を遺して、どの部分を引き立てて、どこにどういうものを新しく加え、あるいは取り替えるか、そういうことをいちいち判断するわけですね。コストと状況を判断し、過去の参加者にヒヤリングしながら設計する。そのヒヤリングの対象者は人間的主体だけではなくて、対象建物の物理的耐久力、デザイン的耐久力を物自体にヒヤリングする、そういう過程が入っている。これは、新築のように建築をつくるやり方に対する強烈なオルタナティブになると思います。

古澤――再生建築の面白いところは、その時間的なばらけ方がモノのばらけ具合に呼応するところですよね。建築を構成するエレメントがフラグメント化されれば、空間のトレーサビリティー、つまりその空間がなぜそういうふうにできているのかをモノが語り始める状態になるわけで、結果として人が参加しやすい状況が生み出される。

門脇――しかし、意志決定のタイミングを時間的にばらけさせることで決定の根拠が曖昧になってしまうと良くないので、それぞれこういう人が参加して、こういうヒヤリングの下に決めたということを証拠として残していく。公共建築ではまさにそうしたことが重要になっていますよね。

青木流のやり方は保存再生を超えた応用可能性があって、それがリノベーションから始まったというところが象徴的ですが、これからのスクラップアンドビルドではない社会においては重要な方法論だと思います。

青木——今、秋田の駅前でデパートの再生をやっているのですが、オーナーがいて、テナントで入っている企業がいて、その下に2次のテナントがいる。それに施工会社とわれわれが絡んで、5者で動かしています。オーナーはなるべく金がかからないようにしたい。テナント企業は安全に関しては任せますと言うが、本音は「もっと安くならないの」というのがある。規模が大きいので、躯体の調査では全体の把握が完全にはできないまま着工したのですが、モルタルを剥いでみると約10センチメートルもの調整モルタルがあった。正面に向かって右と左でスラブレベルが10センチメートル違うんです。前の施工会社に施工状態が悪いとは聞いていましたが、こんなに悪いのかという状況でした。結局、補修にすごくお金がかかって、当初の見積もりにはとても納まらない。そこでどうしたかというと、現地に行って施主とテナントの責任者と施工会社に立ち会ってもらい、ワンブロックずつ全員でジャンプした。

門脇——まさに参加型!

青木——そうすると、相手がビビるわけです。「これはまずいでしょう? だったら、この費用を出してください」と説得した。そうしないと、ろくなものができない、と思いました。

「リファイニング建築」は交渉術である

門脇——そういうかたちで周りを巻き込んでいくのが青木先生の真骨頂ですね。青木先生に言われたことですごく覚えているのは「お前の母ちゃんが住むと思って設計しろ」という言葉で、これは青木哲学なんですね。現場でジャンプさせるというのもそうですが、そうやって人を捲き込みながら、意志決定のタイミングをプロセスの要所要所に用意する。

もうひとつ青木流リファイニングが重要なのは、リスク分散の方法としてです。スクラップアンドビルドは結果的にはコストが少なくてすむ効率的なやり方なんだけれど、最初に大きな資金を用意する必要がある。そのこと自体がリスクだから、今の事業者は自社ビルを建てないで投機型にしてリスクを分散する。一方でリファイニング建築は、リスクを時間的に分散させるのが大きな特徴です。例えば設計の詳細は解体工事の後に決められるようにして契約を工夫する。意志決定のタイミングを要所要所に用意するのも、そのやり方のひとつ。このあたりは学問的にも追求できるはずです。そうやってリスクを時間的に散らして細かい判断を積み重ねていって、その時々でプロセスを随時最適化して修正しながら進めていくというやり方で、危なっかしいといえば危なっかしいけれど、すごく現実的な方法論でもある。今建築界が抱えている、新築ができないとか、オーナー主導のプロジェクトができないといった、要するに冒険ができないという状況を草の根から変えていく、そういう方法になりそうな気がします。小さなリフォームを1年ずつ積み重ねて、20年掛けて大リフォームに匹敵するようなことをやりましたというのは、住まい手からするとあり得ることです。貯金をして、20年に1度どーんとお金を掛けるよりも、そのつどの日銭でやっていきましょう、というのは現実的だし、ここで言うリスク分散をイメージし易いやり方なんだけれど、ただ、建築基準法上はちょこちょこ工事をしていって、全体がオーソライズされるというルートがない。

古澤——それを建築基準法は許さない。

門脇——青木先生はそれをうまくやっていて、こういうルートを使えばこういう道筋があるんだということを示した。

青木——福岡で老人施設のリファイニングを頼まれたとき、壊してつくり変えるのはもったいないよね。安全検証をやって構造的にOKなら何とかならないかな、と言ったら、秋山君が「市の建築課に相談してみます」と言って、それでOKになった。そうしたことが秋山君は特にうまくて、論点を組み立ててこういう方法でいこうと決めると、行政側を何となく説得してくる。そのことを国交省の指導課の課長補佐に話したら、そういう判断ができる主事が一番いい、と言うんです。そこまで突っ込んでやる設計者もなかなかいないし、それに応えてOKする主事も少ないが、そうやって前例をつくって法改正を応援して欲しい、と。

古澤——リファイニング建築を学んでいるときに思ったのは、リファイニングは技術論であり、法律論でもあり、さらに交渉術だということです。現状では再生建築は法的なズレがあるわけで、それをどうやって説得していくか。弁護士が過去の判例を読み解くようにやっていくのが、リファイニング建築のひとつの本質なんだと思いました。

青木——隈研吾さんが「負ける建築」と言ったけれど、リファイニング建築はひとつずつ問題をつぶしていく作業です。言われたことを全部やって、まだ何かありますかと持って行くと、相手は反論の余地が無くなる。我慢強いといえば我慢強いんだけれど、目的がはっきりしていれば、そういうやり方も成り立つのではないか。

門脇——交渉も「術」ととらえるといろいろ理解し易くなりますね。プロジェクトを前に進めて、かつ社会に認知させるやり方であって、やはりリファイニング建築は再生に止まらない可能性を持っていると思います。

再生建築が内包する「連鎖する仕組み」

門脇——青木先生の仕事はRCの比較的大きなビルが多いのですが、ビル物以外の例えば木造住宅のような建物と、加えて土地の値段が安い地域への展開は、これからリファイニング技術を精緻にする過程で取り組むべきことのように思います。

青木——今、都市全体がスモールシティ化しているので、地方都市でポンとひとつだけの住宅を再生するというのはなかなか難しい。ある種の連続性がないと。

門脇——まさにそうなんです。土地の値段が安いところでリノベーションによって資産価値を回復させていくのは当然無理で、都市全体の広がりの中で資本をどう再配分するかが問題になる。だから単体で解いていてもたぶんダメで、都市計画はむろんのこと、本当であれば政治とタッグを組んで、面的にやる必要がある。そういう展開に向かうと、もうひとつブレイクスルーがあるという気がします。

古澤――再生建築の一側面であるリノベーションは、そのコスト的インパクトの小ささゆえにプロジェクトが連鎖する仕組みを内包しているということに若手の建築家も注目していて、リノベーションを都市的なネットワークの中に位置づけていくことを考えている人たちがいます。例えば、４０３アーキテクチャーの辻琢磨君たちの「マテリアルの流動」とか、あるいは連勇太朗君たちの「モクチンレシピ」などです。連君たちは木造賃貸のアパートをどう再生していくかというレシピ集を提案しています。建物単体で語るのではなく、リノベーションをネットワークさせて都市を語るみたいな流れが確認できますね。

門脇――「モクチンレシピ」はすごく面白くて、例えばこの窓がどうよくなるか、ということが仕様書と図面のセットとしてあって、「モクチンレシピ」の会員になって年会費を払うと、それが見られる。彼らが提供しているのは部分の改修のメニューで、それを適応すると誰でも木造の賃貸アパートを良い感じにリフォーム、リノベーションすることができる。会員制ネットワークになっていることによって、単体の建物を超えていろんな所で展開されていくわけです。

古澤――設計監理料をもらうという労働集約型ビジネスから、ロイヤリティービジネスに転換しようとしている新しい若手建築家です。

門脇――青木先生はひとつの建物をトータルに自分でコントロールしようとするから、その点では古典的建築家と言える……。今、冗談めかして「古典的」と揶揄するように言いましたが、一方で、レシピ的に部分をやると性能の全体回復ができないという問題もあります。やはり建物の根本的な性能回復をするには、全体を見ないといけませんが、青木先生はそれをしっかりやっていて、とにかく性能の話をするのも青木先生の特徴ですよね。

古澤――細分化された「レシピ」によって、全体の定量化というゴールに到達できるかどうかということですね。

門脇――単体においても集団においても性能回復ができないと、資産価値を上げることや安全性を上げることには結び付かない。

青木――若い世代がやっていることで気になるのは、安全に関することがおろそかになっていないかということ。それがぼくの不満で、自分の家がそれでいいかどうかと自問しつつやらないと、それは建築ではないと思う。そこをぼくはきちっとやりたいと思うし、そこにちょっと若い世代と断絶があるのかなと思っています。

門脇――現在は20年くらい前と比べて給与水準が上がっていないにもかかわらず、建設の坪単価が倍になろうかという時代で、しかも法律は新築についてより高い性能を要求するようになっていますから、特に東京23区で共働きの夫婦が住宅なんか建てられなくなりつつある。そうすると法的な縛りが比較的甘いリノベーションに行くに決まっていて、古家付きの土地を買って、５００万とか1、０００万かけてリノベーションするとコストメリットもある。ただ、建築家がそれに甘んじていると、どうしようもない建物を延命させて、結果的に危険な街にしてしまう。ストック活用をある種の脱法手段と見なして、例えば本来は網入りガラスが必要なのに、申請の必要がないから網入りでなくていいとか、そうしたことが行われやすい風潮がありますが、それは本来やってはいけないことです。若手建築家が若干浮き足立っていることに対しては、ぼくは大変危機感を持っています。

古澤――再生建築においては法的スキームの舵取りが建築士としてのモラルに委ねられている側面がありますからね。

青木――そのことによって、再生建築自体がぽしゃる可能性がある。ぼくは法律は守らないとまずいと思っています。

若い世代が引き継ぐべきことは?

門脇――ただ、一方で青木先生は超法規的なやり方もされているわけです。リノベーションは現状インフォーマルなプロセスなので、リジッドに法規がかかるわけではないから、その現行法規がおかしいところを指摘するかたちでのリノベーションをやられている。それはとても批判的で面白いと思っています。だって、今の建築基準法にはバカげたところもたくさんあって、あれをちゃんと守るといろんな機能が付いた多機能便座みたいなモノができかねない。もっとシンプルでいいんだという考え方もあり得て、青木先生はリファイニング建築で建築基準法の変な所を批判しているわけです。そこまでやっているのはすごいなと思う。

古澤――再生建築の法への適合性、安全基準などを満たすという話は共時的側面へと偏ってしまうため、創造行為としての弱さが否めないのではという議論がありましたが、一方でそれを別の角度からいうと、十分に批判的な創造であって、批判的共時主義とでもいうべきアプローチなのではないかということもできそうです。

青木――建築基準法はどんどん変わるということを前提として考えなければいけないけれど、今の瞬間にちゃんと法に合ったことをやらない限り、そこでごまかすとダメだと思うのです。人間って、禁煙の場所で1本吸うと2本目も吸いたくなるように、ちょっとした快楽というのは膨張する。完全に「白」で行く方向に努力しない限り、建築のある種のグレーの部分はだんだん黒になるとぼくは思う。例えば予算が足りないときに「これでも良いかな」と思うことがあるけれど、「それはまずい」と自分に言い聞かせながらやっています。強度と安全は絶対に守らなければいけない。意匠は趣味の問題で、何とかしたいとは思うけれど、それはあまりこだわっていない。

古澤――グレーな部分は結局のところ限りなく黒に近づくわけで、そうであれば「白」を前提にして、むしろ「白」化させることを創作活動として位置づけるのがリファイニング建築ということですね。つまり、白くすればするほど現在の建築基準法のでたらめさかげんが浮き彫りになってくる。であれば、それは批判的創造行為へと転化していくことになる。

門脇——青木先生はリノベーションを豪腕だけではなくて、あるプロセスの中でフォーマルにやる方法を開発されました。そのフォーマルというのは、ある意味で青木先生自身がつくったフォーマルであって、これまでそんな道筋はなかったのに、これとこれをこうやればフォーマルでしょ、という青木流フォーマルなんですね。

構造計算書偽造問題だって、一人の建築士がちょっとちょろまかしたことが積み重なって大問題につながったので、青木先生が言ったグレーは黒になるというのは真実だと思います。われわれは常に姿勢を正していないといけませんが、しかし与えられた法制度に従うだけであれば、建築家という職業は必要ない。われわれを締め付けている大きな制度とかリジッドなものを草の根から刺激するようなことがないと、社会は硬直化します。リファイニング建築の最も面白いところは、新築のためにできた建築法規を草の根からひっくり返す、そういう批判的行為としてではないかと思っています。

青木——その成果のひとつが、リファイニング建築に銀行が融資することです。

門脇——資産価値がないと思われていた建物をリファイニングすれば資産価値を回復できるということですから、世の中が宝の山になる。古い建物をクラウドファンディングのようなかたちで蘇らせようという動きがあります。クラウドファンディングで投資を募り、資産価値と性能を回復させて、街の良質なストックに変える。青木先生のやり方は投資を分散させて、しかも参加型にすることができそうだから、それが次の世代の展開とつながるような気がします。

これから建築家にはデザインを通じて生産組織をデザインすることも求められると思いま

す。日本では生産組織も壊れていくでしょうから、新しい工務店のあり方を考える若手もいるべきです。一方で、今、職人というのは魅力的な生き方だと思う。自分が仕事した分だけ稼げるという生き方に魅力を感じる若者はたくさんいるはずです。バブルの時に建設業は3Kと言われていじめられて、今われわれはそのお陰でひどい目に遭っているけれど、何とか建設業の名誉を回復して若手が入ってくるとすごく魅力的な世界にもなり得ると思います。

古澤——ローレンス・レッシグという法学者が『CODE2.0』(2001年、翔泳社)の中で、人間の振る舞いを規定する4つの要素について言及をしています。これはインターネットを巡る環境の変化についての議論からきているものなのですが、その4つとは市場と法律、規範とコードです。一方、難波和彦さんは『建築の四層構造——サステイナブル・デザインをめぐる思考』(2009年、LIXIL出版)の中で、建築を規定するのは4つの層だと言っていて、これがレッシグの4要素と意外と重なっているのです。難波さんによれば建築の4要素とは物理性、エネルギー性、機能性、そして記号性です。物理性とエネルギー性は建築の長寿命化と省エネ化に寄与するもので、市場と法律に密接な関係があって、いってみれば経産省的なものと国交省的な知見です。この躯体の再生と市場の再生という側面は、青木先生がやっているので、後はレッシグのいう規範とコード、難波さんが言う機能性と記号性が残っている。つまり、社会的な規範の中で機能する意味を持った記号という側面です。その再生の対象は何だろうと考えると、規範的機能としては「コミュニティー」を再生するという文脈が成立する。一方でコード的記号については「意味性」だといえます。コミュニティーの再生と意味性の再生は青木先生がやったことも引き継ぎつつ、ぼくらがやらないといけないことではないかと思っています。

(2017年8月31日、青木茂建築工房にて)

黄 世孟

台湾物業管理学会理事長

楊 詩弘（国立台北科学大学助理教授／通訳）／郭 紀子（景文公寓大廈管理機構）
呉 培錚（力信建設開発有限公司）／呉 松源（同上）
戴 福君（良承工程股份有限公司）／蔡 妙能（保全股份有限公司）
陳 品峯（安杰国際物業）／張 智元（逢甲大学土木工程学系副教授）他のみなさん

再生建築は台湾が現在抱えている問題でもあります。
スクラップアンドビルドは
二酸化炭素や固定廃棄物の問題もあります。

Huang, Shyh-Meng
東京大学工学博士／台湾建築学会院士／現在、台湾物業管理学会理事長、中華民国不動産協進会、世界不動産聯盟台湾分会秘書長／主な経歴に、財団法人国土規画及不動産情報センター董事長、中華民国都市計画学会会長、国立高雄大学設計学院　院長国立高雄大学総務長、国立台湾大学建築與城郷研究所教授など

Yang, Shih-Hung
東京大学工学博士／現在、国立台北科技大学建築学科助理教授、台湾物業管理学会学術委員会主任委員、台湾義築協会副理事長／主な経歴に、台湾建築学会秘書長、国立台北科技大学総務部営繕組組長など

TIPM
台灣

リファイニング建築の人的交流と若手の育成を

――リファイニング建築の仕事はどのようなルートで依頼されるのでしょうか？

青木――リファイニングの仕事を始めて30年になりますが、最初はまったく相手にしてもらえませんでした。「宇目町役場庁舎」（1999年）が完成した頃、編集者が本を出さないかと声をかけてくれて、『建物のリサイクル――軀体再利用・新旧併置のリファイン建築』（1999年、学芸出版社）という本を出しました。建築史家の鈴木博之さんに巻頭文を書いていただき、前半に世界中の再生建築の例、後半はぼくの実作を紹介しているのですが、この本を安藤忠雄さんに贈ったら、「前半は本物で、後半は偽物があるな」と言われました。彼なりのジョークです。磯崎新さんからは「骨接ぎ屋か」と言われました。これも磯崎さんなりの冗談ですが、最初の頃は建築界でもそういう印象しかなかったのです。この本をきっかけに2001年に日本建築学会賞業績賞をもらったことが、大きく飛躍するきっかけになりました。

日本は頻繁に地震が起こりますが、大きな地震が起こるたびに建築基準法が改正されるので、それに追いつくように自分なりの技術を進化させてきました。地味ですが少しずつ仕事をいただくようになり、リファイニング建築の仕事が少しまとまってくると、テレビや新聞が取材してくれ、マスメディアが応援してくれました。

もともとぼくは九州で仕事をやっていたのですが、本を書くことによって東京のクライアントやデベロッパーが興味を持ってくれて仕事が来だしたので、東京事務所をつくりました。

――先生の作品を調べていて、大分や福岡の仕事が多いのはなぜだろうと思っていましたが、その理由がわかりました。

青木――リファイニング建築の仕事はこの数年でやっと全国規模になり、今、秋田駅前のデパートのリファイニングをやっています。

3、4年前から、ぼくの事務所にミサワホームから出向で人が来て、技術を覚えています。三井不動産や銀行とも業務提携しているので、今は営業をしなくても仕事が来るようになりました。少しずつ階段を上がっていった感じです。

――30年というと、よほど意志が強くないと続けられないですね。

青木――二川幸夫さんは建築家の寿命は5年間だと言いました。安藤さんからは建築家の寿命は10年間しかもたない、あとは消費されるだけだと言われました。みなさんも日本の建築はメディアなどでご存じだと思いますが、デザインがどんどん変化していきます。ぼくのデザイン力がそれに30年も40年もついて行くのはむずかしいのではないかと若い時に考えました。デザインも重要ですが、デザイン以外の技術や工法について総合的に考えて建築をつくっていけば、ロングラン・アーキテクトになるのではないかと思ったのです。大上段に構えて信念を持ってやってきたわけではなく、自分が好きなこと、興味を持ったことをやってきたのです。

――今日、4つのリファイニング建築の事例を拝見しました。いずれも建築法規の背景があって今の形になっていることがよくわかりました。もしかしたら最後に拝見したビルは建て替えたほうが容積率としては有利になるという考え方もあったかもしれません。先生はリファイニング建築の社会的意味をどういうふうにお考えですか。

青木――リファイニング建築を始めた頃、「スクラップアンドビルドのほうがコストがかからないのではないか」とずいぶん言われました。リファイニングは基礎と躯体が残っていますから、その分安くなるだろうと、4階建ての小さなビルで計算してみたところ、数字上ではリファイニングのほうが安いことがわかりました。同時に、将来日本はスクラップアンドビルドを続ける経済力があるのだろうかということも考えました。特に日本の地方自治体はお金がありませんから、これからは膨大にあるストックを活用しなければならないことがわかってきた。リファイニング建築はまだ主流とは言えませんが、そろそろチャンネルを切り替える時期に来ていると考えています。

もうひとつ重要なことは、建物が解体されると都市の記憶や、人が持っているアイデンティティが失われるのではないかと思うのです。そこにあったものを手入れして使い続け、遺していくことで、伝統とか人の誇りが生まれてくる。リファイニング建築には物質的なものと精神的なもの、ふたつの意味があると思っています。

——新築を1とすると、リファイニングのコストはどれくらいですか。

青木——新築の0・7から0・6です。

——再生建築は台湾が現在抱えている問題でもあります。スクラップアンドビルドは二酸化炭素や固定廃棄物の問題もあります。リファイニング建築の環境性能というメリットはクライアントや行政に対して説得力がありますか。

青木——環境ではまだ仕事が来ません。今はまったくコスト・メリットです。環境性能の問題はもっと広めていく必要があると思っています。

——先生はリファイニングだけでなく新築にも素晴らしい作品がありますが、リファイニング建築の考え方を取り入れ、10年後、20年後のことを考えてやっている工夫がありますか。

青木——リファイニング建築で培った技術をフィードバックすることはやっています。例えば、今日見ていただいた建物でも板金をよく使っていますが、板金は30年後に簡単に取り替えられ、材料そのものが再生できる。そういう材料をよく使っています。

――リファイニング建築の寿命は新築と同じですか。

青木――銀行から融資を受ける条件は、耐用年数を50年間にするということでした。それで30年のローンを組んでくれます。

――金融システムが成立する必要がありますからね。

青木――ええ。ですから、うちの事務所では建築の計画案と一緒に事業の計画案を提出します。

――先生の事務所ではリファイニングと新築の割合はどのくらいですか。

青木――7、8割がリファイニングです。今はリファイニングの仕事が忙しくて、新築をやる余裕がありません。

――リファイニング建築は様々な材料メーカーとの協働が必要ではないかと思いますが、材料メーカーと新しい技術や工法の開発を行うことがありますか。

青木――ほとんどありません。ぼくは大学の先生のキャリアが10年しかなかったので、材料や技術の開発のチャンスがなかったことがひとつ。もうひとつは、特殊な材料を使わずに、今ある材料や技術で再生をやるほうが、リファイニング建築が早く一般化するのではないかと思っています。

——建築生産は様々な利害関係者がいます。施主と設計者、施工者で意見が一致しないとき、設計側の考えにこだわり続けるのか、あるいはある程度妥協するのか。今までにそういう事例がありますか。

青木——まず、安全に関することについては完璧にこちらの指示通りにしてもらいます。そして、現在の建築基準法に従う。これは絶対に譲れないところです。「見た目をきれいにしてくれればいい。耐震はいらない」という仕事はお断りしています。

あとはコストが合わないという場合があります。設計が終わり、積算が出てくると、だいたい予算内に納まりませんから、絶対に必要な物をA、あったらいいなはB、ちょっと贅沢というものはCというようにゾーン分けして、予算によってここから下は諦めるというようなことをやっています。

福岡で今、1、2階がテナント、上階はウィークリーホテルというプロジェクトをやっているのですが、クライアントはゴージャスなデザインをするインテリアデザイナーを雇いました。ぼくはそういうことはウエルカムで、問題ではないと思っています。このプロジェクトは、大家さんがいて、テナントがいて、そのテナントに入る系列会社がいるという四つ巴の中でやっています。前施工も悪くて、問題山積みのプロジェクトです。

——先生は台湾に何回かいらっしゃっていますが、リファイニング建築の視点から見て台湾をどう思いますか。

青木――極端に言えば、日本よりリファイニングの対象になる建物があるのではないでしょうか。宝の山です。地震に対する対策はこれからですね？　古いビルの一番の欠点は機能や設備が今の要求に追いついていないことです。例えば劇場だと今のコンピューター制御のシステムになっていない。それは変えればいいだけなのですが、日本の場合、スクラップアンドビルドしています。

――今回の参加メンバーはデベロッパーやビルメンテナンス会社の社長、建築の先生など、バックグラウンドは様々です。ファシリティーマネージメントの業界からの参加者も多く、勉強するつもりで来ました。

青木――デベロッパーにはリファイニングのプロジェクトを積極的にやってほしい。リファイニング建築はコストが安い以外にも、工期が短いので投資をしてリターンまでが早いというメリットがあります。

――行政的なことを言うと、台湾では確認申請に時間がかかるか、直ぐ下りるか、不確定性があります。日本はどうですか。

青木――ぼくがやっているリファイニング建築は、建物の現状の物理的な調査と法律的な調査があります。このふたつの調査をするということに行政も慣れていません。日本でも、ぼくが始めたころはまったくリファイニングに適した法律がありませんでしたが、提案をして、法律を変えることにもずいぶん努力しました。

――銀行融資に関しては？

青木――わが社が確立して、４つの銀行と国の融資銀行である住宅支援機構からもＯＫしてくれました。

――国はリファイニング建築をサポートする立場ですか？

青木――今はサポートしてくれています。文部科学省で本を書いたり、国土交通省が相談に来るとか、地方自治体からもいろんな相談が来ています。

――台湾の場合、安全上危険のある地域は全面的な更新、建て替えに補助金が出たり、容積緩和があります。エレベーターの増築に補助金が出ることがありますが、日本はどうですか。

青木――日本にもありますが、今はまだスクラップアンドビルドが中心です。スクラップアンドビルドの解体費には補助金が出るが、リファイニングの場合の耐震補強とは一桁違う。これからですね。

――リファイニング建築で他に試みていることは？

青木――銀行とか、病院で「使いながら施工」ということをやっています。ぼくの博士論文は「賃貸集合住宅の住みながら再生における実践と研究」でした。

――今日見学した「清瀬けやきホール」（2010年）は30数年経った既存の建物に加えて増築部分があります。増築部分を1歳とすると、既存部分は30数歳。30年後には30歳と60歳になります。同じ建物だけど年齢差があることについて、どういうふうに考えていますか。昔ながらの味を継承するのか、新しい要素を入れるのか。リファイニング建築の意匠面のことです。

青木――北九州市で昔の区役所を図書館にしたリファイニング建築の事例がありますが、歴史的に重要な物やデザイン的に優れているものであれば尊重すべきだし、そうとは言えないものはぼくの手によって新しいデザインをしたほうがいいのではないかと思っています。

――室内の環境整備、アメニティーに関してはどうですか。医学チームと組んで、低過敏性の認証を取るとか、アレルギーを持っている人にも支障がない建築をつくるといったようなな。

青木――それは喫緊の問題だと思っています。うちの大学に環境系の先生がいるので、彼らと協働作業をしていて、アレルギー対策についてはかなり進んでいると思います。

増築したR状の壁の内側は2階にあるホール・ホワイエへ至る階段室

「清瀬ケヤキホール」座席に角度を付けることで鑑賞環境が劇的に改善された

――退官後の予定と、事務所の方針は？

青木――大連をはじめ、いくつかの大学で客員教授をやる予定です。事務所は、スタッフの一人に博士号を取らせて、もう一人も博士課程で学ばせて、後継者を養成しています。これからは若い人の育成をしたいと思っています。今、韓国から東京に一人と、福岡に一人来ています。中国からも一人入る予定です。やはり事務所に入って一緒に仕事をしないとリファイニング建築の技術は習得できません。

――台湾に進出する準備はしていますか。

青木――福岡と台湾は近いので、できたら台湾からも一人か、二人、意欲がある人をうちの事務所で引き受けたい。まったく日本語ができないと難しいけれど、少しできればＯＫです。単に仕事があるから行くのでは、うちの会社にとってはいいけれど台湾のためにはならないので、人的交流と若い人の育成をしたいと思っています。

（２０１７年8月23日、青木茂建築工房にて）

❖清瀬けやきホール

所在地：東京都清瀬市元町１―６―６

主要用途：市民センター、集会場、図書館、子育て支援室

既存建物：

市民センター／１９７６年竣工（着工時築34年）

確認済証：有、検査済証：有、設計図書：有、構造計算書：無

設計・監理：青木茂建築工房

構造：構造計画プラスワン

施工：ナカノフドー・坪井建設共同企業体

構造／規模：鉄筋コンクリート造、一部鉄骨造／地上4階、地下1階、塔屋1階

設計期間：２００８年４月～２００９年9月

施工期間：２００９年10月～２０１０年10月

ブライアン・シンクレア

カルガリー大学教授
カルガリー大学院生のみなさん

Dr. Brian R. Sinclair
カルガリー大学環境デザイン学部元学部長／カナダに拠点を構え、多分野にわたるデザイン・研究を行うシンクラースタジオ代表取締役／主な研究に、専門職的実践、デザイン手法、オープンな建物、アジャイルアーキテクチャー、戦略計画、統合設計、環境心理学、国際開発、システムと持続可能性、科学と精神の対立など／著書に『文脈、文化と持続可能性の追求』(2009, CaGBC) ほか

青木先生は構造から変えていますが、
カナダでやっと最近やり始めたのは外観のリニューアルで、
内部については先生のレベルまで達するどころか
まだ始まってもいません。

建物も、建築家人生もロングライフをめざす

青木――毎年のようにこうしてカルガリー大学と国際交流ができることを大変嬉しく思っています。シンクレア教授には来日されるたびにぼくの建築を見ていただいていますが、今日はみなさんの感想をお聞きしたいと思います。

シンクレア――毎年学生を連れて日本に来ているのですが、先生の建築を見ることに意義があると思っています。それは先生の建築は他の日本の建築家とアプローチが違うからです。先生は、単に新しい建物をつくるのではなく、既存のストラクチャーを残して古いものを生かしながら建物をつくるということをやっています。環境にも、社会にもやさしい、そういうアプローチを気に入っています。また、先生は「青木スタイル」にこだわらず、プロジェクトごとに合ったデザインをしており、それも気に入っています。

私たちは東京に何度も来ていますが、東京中の古いビルを、これはもう旧式だからといった理由で全部壊して一から建て直すことは経済的にもまず無理です。ですから、先生のリファイニング建築は他の建築家にとっても重要な代表例と言えます。

先生と私は二人とも教育者ですが、何もないところに新しい建物を建てるのが従来の建築教育でした。先生はまったく違うアイデアを用いて、40〜50年経った既存の建物を生き返らせることをやっている。青木先生は単に設計事務所を経営したり建築をデザインするのではなく、もっと深い哲学的なセオリーを持って建築をつくり、それを文章にしたり、本にまとめていらっしゃいます。

青木——リファイニング建築をやろうと思ったきっかけのひとつは、ヨーロッパで古い建物を再生した建築を見て、ぼくもやってみたいと思ったのですが、そのままのやり方では日本の法規や文化的な歴史観に合わないと思いました。そこでぼくなりにいろいろ研究して、今のようなスタイルになったのです。

学生の皆さんは、デザインに自信がありますか？

学生一同——はい！

青木——ぼくも若い時はそう思っていました。ところが建築専門誌を見ると、ぼくよりちょっと上の世代の建築家がだんだん登場しなくなっていくことに気付きました。それで、デザインだけではなく別のアプローチをしたほうがロングライフ建築家になることができると考えたのですが、それは上手くいったのではないかと思っています。つまり、建築もロングライフ建築にして、自分自身もロングライフ・アーキテクトになろうと思ったのです。

先ほど先生から、ぼくは自分のスタイルにこだわっていないというお話がありましたが、それはなぜかというと、古い建物はそれを30、40年前に設計した設計者がいて、クライアントの思いもあるし、それぞれの風土がある。それを汲み取って建築をつくろうとすると、どうしても「青木スタイル」はつくりづらくなります。ぼくは建築デザインを歴史的なものから組み立てて行きたいと考えているので、そうするとプロジェクトによって違った表現になるのです。

もうひとつは、スタッフはぼくのデザインが好きで事務所に入ったのではなく、リファイニング建築という柱になるものがあって、それに対して自分でデザインをやりたいという気持ちがあると思うので、それも少しは汲んであげたいと思うのです。

日本で有名なビートたけしという、フランスから勲章をもらっているコメディアンがいますが、彼が若手のコメディアンは「おかず」しかつくっていないと言っています。「おかず」は飽きるが、主食は飽きないというわけです。その話を聞いて腑に落ちたのですが、ぼくがやっている建築は主食をつくる作業だと思います。

学生――青木先生は建築を考えるときに社会性や経済性を考えていると思うのですが、そうしたことを考えるようになったきっかけは何ですか？

青木――若い時は自分の考えているデザインをクライアントに押しつけていたように思います。歳を取るに従ってクライアントが変化し、日本の一流企業から仕事が来るようになり、アプローチを変えないと対応できないようになりました。つまり、クライアントから学んだことが大きいのです。もうひとつは、環境問題をはじめとした世界的な潮流の中で自分なりにいろいろ勉強するうちに、自分自身が成長したのではないかと思います。

学生――建築に対するアプローチを変えることで建築家としての人生が長くなったのではないですか？

青木――そのとおりです。ぼくは安藤忠雄さんとは永くお付き合いをしていますが、安藤さんから建築家の寿命は10年だ、その10年のピークをどこに持っていくかが大事だ、とよく言われました。ぼくは50代になってようやく認められるようになりましたが、それは良かったかなと思っています。

学生――リファイニング建築はいろいろな知識がないとできないと思いますが、先生の事務所にはさまざまな専門家がいるのですか？

青木――構造と設備は外部の事務所に委託しています。事務所のスタッフはすべてデザイナーですが、首都大学東京にそれぞれの分野のスペシャリストがいるので、助かっています。

学生――リファイニング建築で取り壊した材料などはリサイクルするのですか？

青木――日本では再生して使おうとするとコストが高くなるので、一度壊したものを使うのはなかなか難しいのですが、例えばコンクリートのガラを庭石に使うようなことはやっています。しかし、デザインが良いから保存再生して使うことは、ほんの少ししかできません。本当は残したいものはたくさんあるのですが、いつもコストとの調整が難しくて、ドア1枚とかステンドグラスとか、その程度で、なかなか残せません。

日本ではビルをつくる時には再生材を何パーセント使いなさいという法律があって、例えば取り壊したコンクリートを使ってプレキャストをつくるなど、かなりうまくリサイクルできるようになりました。

シンクレア——それは何パーセント程度ですか？

青木——各自治体によって違いますが、名古屋の事例でいうと重量で14パーセントです。リファイニング建築の場合は躯体を残しているので十分条件を満たしており、再生材を使わなくても問題なくＯＫです。

学生——私たちは日本に来て3カ月目ですが、東京駅などでもリノベーションが行われています。日本でそのようなことをやっている他の建築家はいますか？

青木——たぶん、ふたつのスタイルに分かれると思います。ひとつは、東京駅のようなビッグプロジェクトで、大きなお金がかけられる場合は大会社がやっています。それは法律的なこともクリアーしています。そうではない場合は、法律的には耐震上曖昧なままでやっているケースがものすごく多いのです。

シンクレア——先生は西洋の建築家ではどういう人から影響を受けていますか？

青木——ウィトルウィウスの言った「用・強・美」は、ぼくの建築のベースになっています。

つまり、構造的なものと美しさ、用途が一致しないと建築は成立しない。これはぼくにとって一番の柱になっています。また、カルロ・スカルパの建築を見たことがリファイニング建築のヒントになりました。他にも、近代建築の黎明期のオスカー・ニーマイヤーや、ル・コルビュジエ、ミース・ファン・デル・ローエ、ルイス・カーンは感動的な建築をつくっています。新しい材料を用いて構造的な挑戦している建築家が面白いなと思います。

シンクレア――東京で一番気に入っている建築は?

青木――それは難しい質問ですね。東京でというより、日本では安藤忠雄さん、伊東豊雄さんは好きな建築家です。

学生――先生は中国や台湾など様々な国で仕事をされていると思いますが、そういう所から取り入れたものはありますか?

青木――タイで最も古い歴史があり、権威ある国立大学であるチュラーロンコーン大学と大学間交流をしているのですが、そこから3つほど仕事の話があります。これはビッグプロジェクトで、日本側のスポンサーを探してくれということなのですが、われわれはチュラーロンコーンの卒業生が事務所に来ることを条件にしています。たぶん、5、6年後にはできると思います。

シンクレア――他の西洋諸国と比べて、日本はリノベーションなどの再生建築は遅れていたと思います。日本は島国であり、人口密度が高い中で、古くなった建物を壊し、新しい建物をつくる手法は続かないと思っていたところで、明治大学の門脇耕三先生の紹介で青木先生に出会い、その仕事に興味を持ちました。先生の建築的な手法は今後の社会にとって有効であると思いました。カルガリー大学でもリノベーション等の仕事をしている人はいますが、先生と同じようなレベルではありません。先生は構造から変えていますが、カナダでやっと最近やり始めたのは外観のリニューアルで、内部については青木先生のレベルまで達するどころかまだ始まってもいません。ただ、日本は地震等で法律が変わっていきますが、カナダは法律が変わるということはないので、やる必要はないという人もいます。ですから、そこまで手が回っていないのが実状です。

学生――なぜ材料をリユースしたり、リファイニングしたりすることが世界的な風潮になったのでしょうか？

青木――ひとつは環境の問題と、もうひとつは誇りを持つということだと思うのです。あなたは自分の家に誇りを持っていますか？　誰でも自分の家に誇りがあるでしょう？　都市もそうだと思うのです。都市のアイデンティティにとって古い建物を残すということは有効な手段だと思います。

学生――リファイニング建築のプロジェクトに取り組む時に、既存のビルディングの歴史についてこだわりますか？

青木――前の設計者がどのくらい建物にこだわったかを見て、こだわりがあればそれを大事にしたい。特にこだわりがなければ別のアプローチを考えます。建物というより、周辺や地域にアプローチしたいと思っています。

学生――リファイニングをする際、オリジナルの設計者に連絡を取りますか？

青木――ほとんどの場合、元設計者はすでに亡くなっています。(笑)

学生――構造を変えることはありますか？

青木――日本の場合、耐震補強をする必要があるので、かなり変えます。

学生――その際に、これは壊して建て替えたほうがいい、となることもありますか？

青木――100件に1件はあります。

学生――コストの面で、これ以上だったら建て替えたほうがいいという基準はありますか？

青木――事業として収支が合うかどうかが大前提で、それが一番重要なファクターです。
　秋田のプロジェクトでは百貨店をショッピングビルにリファイニングしたのですが、地方都市はテナントがなかなか埋まらないので、ぼくが提案したのは、もともと床があった所に吹抜けを設けることです。上まで8層分全部吹抜けにすると床面積が30パーセント減って、床が埋まるのではないかと提案したのですが、クライアントとさんざん議論した結果、やはり床が欲しいということで4層分しか吹抜けができませんでした。結局、先月のオープンまでに8階のテナント入居が間に合わず、「青木さんの提案どおり全部吹抜けにすればよかった」と言われました。このプロジェクトでは、耐震の方法とこの吹抜けをつくることがぼくのアイデアで、デザインは二人のスタッフがほとんどやりました。

建築を考える時にデザインだけを考えていても上手く行かないのです。根本的なことは何か、を考えなければいけないということをみんなに知って欲しいと思っています。

（2017年11月2日、青木茂建築工房にて）

青木先生との思い出

タードサク・テーシャキットカチョン（チュラーロンコーン大学准教授／タイ王国）
Terdsak Tachakitkachorn (Assist.Prof., PhD)

5年前、チュラーロンコーン大学建築学部で行われた青木先生の講演会で通訳を務めました。青木先生から初めてリファイニング建築のことを聞いたときには、「リファイニング？リファイナリー？　アルコールの生産と建築とはどんな関係？」と疑問を感じました。話を聞き終わって、なぜリノベーションやリデザインという言葉を使わないのだろう、とまた別の疑問が頭の中に浮かび上がりました。大分出身の日本人教授が英語を誤用したのではないか、とまで思ってしまいました。

この誤解は大変失礼だったことに、後々気づきました。青木先生の本を読んだり、講演会の通訳をしながら、リファイニング建築について半分くらい理解するようになりました。

チュラーロンコーン大学では2005年より、毎年夏休みに青木茂建築工房福岡事務所に学生をインターシップに行かせています。プログラムは青木茂建築工房に任せていますが、月曜日から金曜日までは事務所でスタッフと一緒に働き、土曜日は九州各地の建築を見て回り、日曜日はお休みと聞いています。その間、九州大学とのワークショップなども取り入れ、学生たちにとってずいぶんと勉強になったのではないかと考えています。

こうしたことから、リファイニング建築を公開し広めたいという青木先生の思いがひしひしと伝わってきます。

この間、私自身、青木先生の奥深さを実感し、リファイニングについてかなり理解するようになりました。そして、自分が手がけたバンコクのプロジェクトでショップハウスのリファイニングを実際に体験し、青木先生と一緒に現場を歩きながら話をして、リファイニング建築の面白さを体験しました。同時に、５年前よりいっそう青木先生の素晴らしさを実感しました。


私自身が経験したことや、青木先生の事務所でインターンを経験したチュラーロンコーン大学の建築学生の話などから、青木先生は凄い、ただ者ではない、立派な「先生」であることを実感しました。謙虚でありながら親しみ易く、そして冗談まじりで鋭い意見を言う、奥が深い「先生」です。そして、リファイニング建築と青木先生には、まだまだ底知れぬところがあることもわかっています。

これから青木先生と共に東南アジアでリファイニング建築を浸透させていくことを願っていますが、それより先に青木先生の方言を１００パーセント理解することが一番必要です。

あとがき

２００８年1月、首都大学東京の戦略研究センター教授として5年間の期限付きで就任し、結局10年という予想もしなかった時間を過ごすことができた。

大学で上野淳学長、深尾精一名誉教授のお二人に教わったことは、自分の研究を未来につなぐために人をどう育てていくかという姿勢である。このことは私にとって革命的な出来事であった。

アトリエ派と呼ばれる設計事務所は個人の能力のみによって支えられ、本人が終われば事務所も閉鎖となるのが当たり前であるが、今日のような多様性を持たなければならない時代には、それでは難しいのではと考えている。

２０１０年3月10日に『建築再生へ――リファイン建築の「建築法規」正面突破作戦』（建築資料研究社）という本を出版した。そして、平成26（２０１４）年7月2日付けで国土交通省から『検査済証のない建築物に係る指定確認検査機関等を活用した建築基準法適合状況調査のためのガイドライン』が出された。また、平成26年1月には文部科学省から『学校施設の長寿命化改修の手引き』が出されたが、上野学長の推薦で委員となり、この本の執筆に当たった。

私は国が再生建築に舵を切ったと判断して、国交省や文科省、東京都などに専門のコースを設けてはどうかと言ってきたが、ついに実現できなかった。

そこで、できることを自分でやろうと考え、スタッフを順次博士課程に入学させることにした。最年長の奥村誠一君を博士課程に進ませ、現在秋山徹君が角田誠先生のお世話になっている。建築事務所は財力も資本もないが、教育費程度は捻出できる。首都大学東京という場で博士をつくることでさらに一歩前進し、リファイニング建築を次へつないでいきたいと思っているが、これは両君の役目かもしれない。今日まで積み上げてきたリファイニング建築の未来への投資と考えている。

この10年間で「リファイニング建築」に関する調査から分析、対策、そして設計から監理まで、一貫したシステムは完成したと考えている。

何よりも古い建物に対して銀行からの長期融資を組み立てることができたことは、大きな成果であった。これまでリファイニング建築の企画を提案しても成立するのは10パーセント前後であったが、融資の仕組みを同時に提案することにより実施率は飛躍的に向上した。

今日までリファイニング建築普及のため多くの出版を行ってきたが、文章が苦手な私がここまでできたのは、本当にうまく乗せてくれ、指導してくれた、石堂威、小田道子両編集者の大きな力があったからではないかと考えている。ここに深く感謝の意を表したい。

最後に首都大学東京の就任に際して推薦文をいただいた磯崎新氏、そして、早くにお亡くなりになった鈴木博之氏に心から感謝を申し上げたい。

青木 茂

青木 茂（あおき・しげる）

主な受賞：

1999年　グッドデザイン賞 施設・テーマ部門特別賞・エコロジーデザイン賞「宇目町役場庁舎」
　　　　通商産業大臣賞「宇目町役場庁舎」
2001年　第10回BELCA賞 ベストリフォーム賞「宇目町役場庁舎」
　　　　2001年度日本建築学会賞業績賞「リファイン建築一連作品」
2002年　第1回エコビルド賞「八女市多世代交流館」
　　　　第14回福岡県美しいまちづくり賞大賞「八女市多世代交流館」
2010年　第4回日本ファシリティマネジメント大賞「リファイニング建築」
2012年　日本建築防災協会 耐震改修貢献者賞理事長賞「リファイニング建築」
　　　　グッドデザイン賞「YS BLD.」
2013年　日本建築防災協会 耐震改修優秀建築賞「浜松サーラ」
　　　　グッドデザイン賞「渋谷商業ビル」「光第1ビル」
2014年　グッドデザイン賞「北九州市立戸畑図書館」
2015年　第56回BCS賞「北九州市立戸畑図書館」
2016年　第7回北九州市都市景観賞「北九州市立戸畑図書館」
　　　　第25回BELCA賞 ロングライフ部門「同上」
　　　　グッドデザイン賞「光第2ビル」

主な著書：

『建物のリサイクル』（1999年、学芸出版社）
『リファイン建築へ　青木茂の全仕事／建たない時代の建築再利用』（2001年、建築資料研究社）
『まちをリファインしよう──平成の大合併を考える』（2005年、建築資料研究社）
『再生建築　リファインで蘇る建築の生命』（2009年、総合資格）
『団地をリファインしよう。』（2009年、住宅新報社）
『建築再生へ　リファイン建築の「建築法規」正面突破作戦』（2010年、建築資料研究社）
『団地をリファイニングしよう。 2』（2011年、建築資料研究社）
『長寿命建築へ　リファイニングのポイント』（2012年、建築資料研究社）
『リファイニングシティ×スマートシティ──つかれたまちはこう変わる。もっと長生きできる』（2012年、総合資格）
『住む人のための建てもの再生 集合住宅／団地をよみがえらせる』（2012年、総合資格）
『リファイニングが導く公共建築の未来』（2013年、総合資格）
『リファイニングシティ×モンゴル』（2013年、総合資格）
『長寿命建築のつくりかた　いつまでも美しく使えるリノベーション』（2015年、エクスナレッジ）

首都大学東京退官記念対話集

リファイニング建築が社会を変える

──銀行融資と連携し、建築の長寿命化と街の活性化をめざす

2018年2月10日　初版第1刷発行

著者：青木 茂

編集：石堂 威・小田道子
表紙・カバーデザイン：長島恵美子

撮影：
松岡満男／上田 宏／浅田美浩／堀田貞雄／是本信高／
イメージグラム／サトウノブタカ／青木茂建築工房

発行人：馬場栄一
発行所：株式会社建築資料研究社
東京都豊島区池袋 2-38-2-4F（〒171-0014）
出版部　電話 03-3986-3239
FAX 03-3987-3256

印刷・製本：図書印刷株式会社

Printed in JAPAN
ISBN978-4-86358-564-5